Sophie zu Eltz

Schutzengelstunde

Sophie zu Eltz

Schutzengelstunde
Geschichten von Heiligen

Verlag Petra Kehl
Künzell 2014

Neuauflage in Auswahl des Buches „Schutzengelstunde". Das Originalwerk erschien erstmals 1931 im Verlag Josef Kösel & Friedrich Pustet. Diese Ausgabe wurde sprachlich überarbeitet und an die neue Rechtschreibung angepasst. Die Neuauflage erfolgt mit freundlicher Genehmigung der Urheberrechtsinhaber.

Copyright 2014 by Verlag Petra Kehl
Rhönstraße 3, 36093 Künzell
Umschlagbild: Vanessa Leinweber
Umschlaggestaltung: Ulrike Christ,
www.christ-communication.de

email: info@verlag-kehl.de
www.verlag-kehl.de

ISBN 978-3-930883-68-4
Alle Rechte vorbehalten.

Inhalt

Schutzengelstunde

Die beiden Freunde Maurus und Placidus	9
Die heilige Mutter Barat	19
Der kleine Held Tarzisius	39
Der tapfere Soldat Sebastian	49
Sankt Elisabeth, die Wohltäterin	59
Sankt Antonius, der Wundertäter	77
Bernadette Soubirous, das Marienkind	99
Franz von Assisi, der Allerweltsbruder	111
Manilu, Freund des heiligen Petrus Claver	125

Schutzengelstunde

Viele Stunden, vielerlei Stunden hat unser Tag. Schulstunden und Essensstunden, Spielstunden und Schlafstunden. Alle gehören sie dem lieben Gott, denn er erschafft und schenkt sie uns ja alle. Und bei allen ist er auch dabei, der beste Vater, und auch der Engel, den er uns zum Freund und Beschützer hier gegeben hat.

Aber eine Stunde gibt es, die scheint dem lieben Gott eigens zu gehören! Eine stille, leise Stunde. Die zählt wohl selten 60 ganze Minuten, viel eher 15, 10 oder 5! Und ist doch eine besondere Stunde, wo der Schutzgeist uns umschlingt und leise mit uns flüstert. Wenn es Abend wird und alles schweigt. Wenn der Körper müde ist und nach dem Bett schaut, wohin die unruhigen Tagesgedanken sich schon verkrochen haben.

Für solche Schutzengelstunden ist dieses Buch geschrieben. Der treue Engelfreund soll es ganze leise mit uns lesen. Und uns von jenen Gotteskindern weiter erzählen, von denen dieses Büchlein einiges berichtet. Er kennt sie alle ja so gut, aus seiner seligen Heimat.

Die beiden Freunde Maurus und Placidus

Zu lustig war es doch, wenn der Wind so laut schrie! Der See gluckste dann förmlich vor Zorn. Er sträubte die Wellen, wie Catus, der schwarze Klosterhund, seine Haare zu sträuben pflegte. Und die ernsten Bäume schüttelten heftig entrüstet ihre alten Köpfe. Aber der Wind kümmerte sich nicht darum, sondern pfiff daher, wie er nur pfeifen konnte. Welch ein übler Geselle!

So dachte der kleine Placidus und musste laut darüber lachen. Wie gut, dass er gerade in diesem Sturm an den See geschickt worden war! Der heilige Vater Abt wusste sicher, dass er solche Wetter über alles liebte! Gewiss hatte er ihm gerade deshalb heute aufgetragen, frisches Wasser zu schöpfen.

Placidus seufzte tief vor Liebe und Zufriedenheit. Dann setzte er sich auf den steilen, schlüpfrigen Pfad und rutschte pfeilschnell zum Seeufer hinunter. Die derbe Mönchskutte hielt so etwas spielend aus. Nicht umsonst war sie so schwer und verfilzt gewoben.

Placidus kam sich schon riesig erwachsen vor. Lebte er nicht, fast gleichberechtigt, zwischen lauter großen, ernsten Mönchen? Trug er nicht das gleiche Gewand wie sie? Es war ja auch schon beinahe ein ganzes Jahr her, seit sein

Vater, der Patrizier Tertullus, den damals 7-jährigen Knaben nach Subiaco gebracht hatte. Hier sollte er unter die Leitung des weit und breit berühmten und heiligen Abtes Benedikt gestellt und von diesem zu einem Leben für Gott erzogen werden.

Es war nicht zu leugnen, dass Klein-Placidus sich damals ganz erbärmlich gefürchtet hatte! Wie bitterböse Riesen waren ihm die vielen fremden, schwarzen Männer vorgekommen. Ja, um ein Haar hätte er laut aufgeweint vor Angst und Verzweiflung — trotz seiner stattlichen sieben Jahre - als der Vater ihn zum letzten Mal gesegnet hatte und dann fortging. Der wanderte jetzt nach Rom zurück, zur Mutter und zu den Geschwistern, und er, Placidus, sollte ganz allein — o es war zu fürchterlich! Ganz winzig, hilflos und verlassen kam sich das Kind in seinem Kummer vor, unheimlichen Bergwesen ausgeliefert. Da hörte er plötzlich eine frische junge Stimme hinter sich: „Sag, Placidus, kannst du flache Steine so werfen, dass sie am See weiterspringen?" In freudigstem Schreck fuhr das Kind herum. Hinter ihm stand, wenn auch im schwarzen Mönchsgewand, ein anderer Junge, nur wenige Jahre älter als er selbst. Kameradschaftlich lachte der ihn an und streckte ihm eine feste braune Jungenhand entgegen. Mit allen zehn Fingern umklammerte Placidus sie, als wäre sie ein Rettungsanker. Der Große lachte. „Ich heiße Maurus", sagte er. „Du, ich glaube, wir werden gute Freunde sein!"

Das alles war jetzt ganz schrecklich lange her. Placidus,

nun ein erfahrener junger Ordensmann von acht Jahren, musste von Herzen über seine kindliche Angst lachen. Es war ja alles so anders gekommen! Die finsteren Bergwesen hatten sich als seine besten Freunde erwiesen, die einsame Verlassenheit sich in ein inniges Familienleben verwandelt. Viel schöner noch war es hier als selbst im lieben Rom. Und gar erst der große Abt, vor dem er sich in jener Stunde so schrecklich gefürchtet hatte! O, Abt Benedikt, sein Vater! Ganz selig wurde es dem kleinen Placidus jedes Mal zu Mute, wenn er so richtig über diesen Mann nachdachte!

Der Einzige, in dem er sich damals nicht geirrt hatte, war Maurus. Was das Kind sehnlichst erhofft hatte, als es die Hand des Größeren verzweifelt umklammerte, war wirklich eingetroffen. Maurus war der beste, liebste Kamerad, den irgendein Junge sich wünschen konnte. Und der heilige Abt freute sich über diese Freundschaft. Wo immer es möglich war, ließ er seine zwei Jungen zusammen arbeiten. Nur diesem Freund vertraute Placidus auch seine glühende Liebe für den gemeinsamen Abt an. „Er ist mehr als ein Vater, ich nenne ihn meinen Vaters-Vater", meinte er einmal. Aber Maurus hatte gelacht. „Vaters-Vater ist doch Großvater, das finde ich keinen besonders guten Namen!" „Also gut, dann nenne ich ihn meinen ‚Diese-Welt-lieber-Gott', triumphierte das Kind. Aber auch hiermit war der Große nicht recht einverstanden. „Abbas, Vater, nennen wir ihn doch alle. Was kann mehr sagen als dieser Name, du kühner Neuerer?" Placidus jedoch schüttelte nur übermütig den Kopf, an dem schon wieder einmal die üppigen Locken die ernste Tonsur zu überwuchern drohten. Oft sprachen die beiden Freunde von diesen Dingen.

So, jetzt aber kam der schwierige Teil des Abstiegs zum See und Placidus musste auf seinen Weg achten. Es galt, einen ziemlich steilen Felsen hinunter zu klettern, dessen Fuß einige Meter weit in den See hineinragte. Dabei störte der große Krug und der Wind riss so heftig, dass Placidus sich recht fest an die Felszacken anklammern musste, um nicht einfach fortgeweht zu werden.

Jetzt aber hatte er die richtige Stelle erreicht. Er kniete nieder, beugte sich tief über den See und tauchte seinen Krug hinein. Langsam flutete das Wasser in das Gefäß. Mit träumenden Augen schaute das Kind dem Gurgeln und Glucksen zu. Dieses fließende Wasser, es erinnerte ihn an eine Sommernacht - die feierlich schönste, die er je erlebt hatte.

Da hatte er Sankt Benedikt auf einsame Bergeshöhe begleiten dürfen. Drei der kleinen Klöster, die der heilige Abt verwaltete, waren auf diesen Berg gebaut. Aber kein Wasser fand sich auf den steinigen Hängen. Nur mit größter Mühe konnten sich die Mönche das nötigste aus dem Tal heraufschaffen. Sie hatten dem Heiligen ihre Not geklagt. Nun ging dieser um Mitternacht auf die dürre Halde hinauf. Vor einem Felsen war der Abt in die Knie gesunken, mit ausgebreiteten Armen betete er hier. Scheu und staunend sah es das Kind.

Auf einmal aber, nach vielleicht einer Stunde, geschah etwas Unbegreifliches. Die Nacht war ganz finster geworden, weder Mond noch Sterne waren zu sehen. Placidus hatte wohl geschlafen. Nun wachte er auf und siehe da — die ganze Gestalt seines geliebten Meisters war in strahlendes Licht getaucht. Licht webte eine Goldkrone um sein Haupt. Licht umwogte ihn wie ein leuchtendes Gewand, Licht floss, strömte aus seinen ausgebreiteten Händen. Da legte er diese sonnengleichen Hände auf den Stein und ein Teil des Lichtes blieb auf dem Felsen liegen. Placidus sah es ganz genau; mit weit aufgerissenen, flackernden Augen sah er es. Langsam, allmählich ebbte der himmlische Glanz wieder ab, das Lichtgewand, die Goldkrone verschwanden. Aber auf dem Stein blieb der Lichtkranz liegen, zitternd, wie ein lebendiges, atmendes Wesen. Sankt Benedikt seufzte tief, er verbarg das Gesicht in den Händen. Dann erhob er sich, nahm drei Steine und legte sie an den Platz, wo das Licht noch immer strahlte. Und es blieb vor den drei Steinen liegen. Nun wandte sich der Abt an das Kind. „Komm, wach auf, kleiner Schläfer, wir wollen nach Hause gehen", sagte er freundlich. Placidus sprang auf. Er wollte sprechen, rufen, dass er nicht geschlafen hatte, dass er das Wunder gesehen habe. Aber der ernste Blick seines Abtes verschloss ihm den Mund. Er fühlte, dass er über das Geschaute schweigen solle. Da seufzte er tief und glücklich: Nun hatten er und sein Abt ein gemeinsames Geheimnis! Selig lächelte er den Mann an und legte vertrauensvoll seine Rechte in die ausgestreckte Vaterhand. Schweigend und froh gingen beide nach Hause. Am nächsten Tag hatten die Mönche bei den drei Steinen gegraben, und eine reichliche Quelle war aus dem trockenen Fels gesprudelt. Aber den Lichtkranz fanden sie nicht. Davon wussten nur Sankt Benedikt und er, Placidus! Nicht einmal mit Maurus hatte er, dem stummen Befehl gehorchend, über jene Nacht gesprochen.

An all dieses dachte Klein Placidus, während das Wasser langsam seinen Krug füllte. Dachte und dachte — und achtete nicht auf die eilig einschießende Flut. Bis plötzlich der große Krug übervoll war! Nur bis zur Hälfte hatte er ihn anfüllen sollen! Hastig, erschreckt, suchte er ihn aus dem Wasser zu heben. Aber er war zu schwer geworden! Vor lauter Anstrengung krümmte das Kind sich ganz und gar zusammen, zerrte und riss — da glitt sein Fuß von dem Felsvorsprung, auf den er sich gestützt hatte. Und ehe Placidus wusste, was ihm geschah, stürzte er Hals über Kopf in die schwarze, tiefe Flut. Die starke Strömung, für die dieses Wasser berüchtigt war, erfasste ihn sofort. Mit rasender Geschwindigkeit wurde das arme Kind in den See hinausgerissen.

Maurus, der nun 15-Jährige, stand im Garten und arbeitete. Es war ihm aufgetragen worden, ein Beet frisch umzugraben. Mit der ganzen Kraft seiner jungen Jahre schaufelte er in der nassen, braunen Erde und sang ein Lied dazu. Immer wieder stieß der Spaten gegen große, spitze Steine, die galt es herauszuschaffen. Maurus dachte an einen Vergleich seines Abtes, von den bösen Steinen unserer Fehler, die dem göttlichen Gärtner so viel Kummer bereiten. Er, Maurus, kämpfte wohl von Kindheit an mit ernstem Streben, diese Hindernisse aus seinem Herzen zu entfernen, dennoch —. Er seufzte. „Maurus", hörte er plötzlich die Stimme seines Abtes. Sankt Benedikt war aus seiner Zelle in den kleinen Garten getreten. „Maurus, Placidus ist in den See gefallen. Lauf hin und zieh ihn schnell heraus!" In heftigem Schreck ließ der Jüngling den Spaten fallen. Er neigte das Haupt vor seinem Meister und stürmte mit langen Sprüngen den Abhang hinunter, während sein Abt ihm den Segen nachsandte.

Es brauste ihm in den Ohren. „Placidus, lieber kleiner Placidus", keuchte er entsetzt. Von einer anderen Seite als das Kind kam Maurus ans Wasser heran. Während des Laufens dachte er plötzlich: „Woher weiß der Abt schon von dem Unglück?" Die ganze Zeit hatte Maurus ihn vom Garten aus sehen können. Über eine Schrift gebeugt, hatte er in seiner Zelle gesessen. Von dort hatte man aber keinerlei Ausblick auf den See. „Der liebe Gott hat es ihm gesagt", frohlockte der Jüngling. „Der liebe Gott lässt meinen kleinen Freund nicht ertrinken!"

Nun kam er zum Wasser. Flach fiel hier das Ufer in die

Flut, es waren wohl etliche Meter bis zu dem Felsen, von dem aus das Kind abgestürzt war. Angstverzerrt schaute der Knabe um sich. Da, weit draußen, zwischen den stürmisch bewegten Wogen, tauchte der blonde Lockenkopf auf. Kaltes Grausen schüttelte Maurus. Schwimmen konnte er nicht!

Doch sein Befehl lautete: „Zieh Placidus schnell heraus!" „Im heiligen Gehorsam kann ich alles", sagte der junge Mönch sich hart, und schon lief er auf das Wasser hinaus. Er schaute nicht rechts noch links, dachte nichts, zweifelte nicht — drei Minuten und er hatte das Kind erreicht. Mit festem Griff erfasste er den Untergehenden und zog ihn herauf in seine Arme. Dann wandte er sich und lief zurück, ohne Zögern, ohne Zagen, im gleichen Gehorsam, wie er gekommen war.

Erst als er wieder am festen Ufer stand, erst als er nun wagte um sich zu sehen, kam die volle Erkenntnis des Wunders über ihn. Jetzt wusste er, wie weit er auf den wild brausenden Wogen gelaufen war. Tränen liefen ihm über das Jungengesicht, während er seinen kleinen Freund aus seiner Ohnmacht erweckte.

Nicht lange darauf waren sie wieder im Kloster. Sankt Benedikt selbst war den beiden Knaben entgegengekommen. Er hatte den zitternden kleinen Placidus auf den Arm genommen und nach Hause getragen. „Sieh, mein Maurus, wie wunderbar der Herr deinen Gehorsam gesegnet hat! So sehr liebt Gott diese Tugend, dass er dich um ihretwillen mit Seiner Wunderkraft umhüllte." So sprach der große Lehrer.

Placidus saß, in warme Tücher gehüllt, auf seinem Bett. Sankt Benedikt hatte ihn darauf gelegt. Seine noch blaugefrorenen Hände hielten eine Tasse heißer Milch, die er nun austrinken sollte. „Nein, heiliger Vater", unterbrach er die ernste Rede, „deinen Mantel habe ich über mir schweben sehen, wie ich im Wasser war. Du hast mich gerettet!" Und mit strahlenden Augen schaute der kleine Kerl zu seinem Abt auf. Da lächelte der ernste Heilige ganz zärtlich und streichelte die nassen Locken seines Lieblings. „Die Sorge des Vaters und der Gehorsam der Kinder halten eben zusammen, um uns in den Himmel zu tragen", sagte er und ging. Maurus aber sprang aufs Bett und umschlang glückselig seinen lieben Freund. „Siehst du", jubelte Klein Placidus, „es ist doch wahr, was ich sage. Er ist unser ‚Diese-Welt-Lieber-Gott'!" Und er lachte mit weißen, milchbefleckten Lippen. „Du magst schon Recht haben", erwiderte Maurus leise.

Maurus und Placidus blieben einander und dem heiligen Benedikt immer treu. Sie wurden später Heilige, Klostergründer und Märtyrer.

Die heilige Mutter Barat

Es war ein freier Tag. Ein vollkommen freier Tag. Nur wer in einem Pensionat gelebt hat, jahrelang darin gelebt hat, weiß solch ein Ereignis voll zu würdigen. Kennt die Wonne, die Seligkeit, das unvergleichliche Gefühl, das dieses Wort in einem jungen Herzen auslöst: ein vollkommen freier Tag. „Grand congé" nannte man es hier im Kloster. Obgleich diese Sacre Coeur Schule gar nicht in Frankreich, sondern in Italien, ja in Rom, lag. Ganz einerlei, wie der Tag hieß! Solange man nur frei, gänzlich frei war, zwölf liebe, lange, sonnendurchstrahlte Stunden hindurch frei!

Die Kinder hatten ihn auch redlich ausgenützt. Fast jede Stunde des schönen Tages hatten sie durchtollt und durchlacht. Jetzt ging es auf den Abend zu und sie waren müde. Zu regelrechten Spielen hatte niemand mehr Lust. So saßen die vielen größeren und kleineren Mädchen gruppenweise im Gras beisammen. Sie schwätzten und knabberten an den guten Dingen, die ihre Eltern ihnen heute hatten mitbringen dürfen. Zwischendurch sah man wohl auch hier und dort eine der Klosterfrauen, eine ‚Mutter', langsam die Gartenpfade auf und ab wandeln. Da lachten und riefen die kleinen Mädchen und die Mutter lächelte und winkte einen Gruß.

Die Kinder hatten viel zu besprechen. Heute war aber auch gar so ein wunderbarer Tag gewesen! Solch unerwarteter „Congé" kam ja nicht ohne Grund! Heute hatte es Grund genug gegeben: Mère Barat, ‚Madame Mère', wie man sie hier nannte, war aufs höchste geehrt worden! Magdalena Sophie Barat, jene wunderbare Frau, die den ganzen Lehrorden des Sacre Coeur gegründet hatte, der all die vielen Klöster in Frankreich, Italien, Deutschland und England, ja selbst in Amerika, unterstanden, weilte seit einigen Wochen in diesem besonderen römischen Kloster. Alle Kinder liebten sie mit geradezu leidenschaftlicher Begeisterung.

Gestern nun, am späten Nachmittag, war ein stattlicher päpstlicher Wagen, mit vier Rappen davor, den Berg herunter und an die Klosterpforte gefahren. Ihr entstieg Kardinal Lambruschini, den alle Kinder kannten. Er war der besondere Schützer der Sacre Coeur Klöster. Oft kam er hierher, in seinen prachtvollen roten Gewändern, besonders jetzt, da Mère Barat hier wohnte. An hohen Festtagen hielt er wohl auch manchmal das Hochamt oder den Nachmittagssegen. O, wie drängten sich alle Kinder dann immer, ihn recht gut und aus der Nähe zu sehen! Manche freche kleine Hand hatte gar schon versucht, die rote Seidenschleppe zu befühlen, wenn keine ‚Mutter' es sehen konnte!

Gestern hatte der Kardinal aber eine unerhörte Botschaft gebracht. Am folgenden Morgen, sagte er, würde viel, viel höherer Besuch noch als er selbst die Sacre Coeur Schule beehren. Seine Heiligkeit, Papst Gregor XVI. in eigener Person, wollte die Mutter Stifterin besuchen! Dann würde er Kloster und Pensionat ansehen und alle, alle segnen. Man schrieb das Jahr 1845.

O, die fieberhafte Aufregung im ganzen Haus, als diese wunderbare Nachricht bekannt geworden war! Es war allzu schwer, dann um halb 9 Uhr ruhig und still im Bett zu liegen und einzuschlafen! Man hätte sich ja so viel zu sagen gehabt!

Peppina und Luisa, die zwei schlimmen 8-jährigen, hatten es auch wirklich nicht vermocht. Auf nackten Füßen war Peppina zu ihrer kleinen Nachbarin geschlichen und zu ihr ins Bett gekrochen. Da sprachen sie mit Herzklopfen vom nächsten Tag. Bis Mutter Damina gekommen war und sie erwischte.

O, wie war die so tief entrüstet gewesen! Die kleinen Sünderinnen waren furchtbar erschrocken! Was mochte es nun für eine Strafe geben? Aber, siehe da! Nachdem die Strafpredigt über die ängstlich geduckten Köpfe herabgeprasselt war, wurde Mutter Damina mit einem Male ganz mild. „Was ihr verdient habt, wisst ihr, glaube ich, selbst. Da aber nun morgen ein so großer Ehrentag für unsere Ehrwürdigste Mutter sein soll, will ich euch für dieses Mal verzeihen. Und jetzt, flink ins Bett!"

Hei, husch war Peppina davongestoben. Nicht ohne vorher der Mutter schnell noch einen Kuss zu geben. Wiewohl auch das sich eigentlich nicht schickte! Aber schließlich…

Und dann kam der Morgen, da sie alle im weißen Kleid und langem Schleier an der Pforte knieten, den Stellvertreter Christi zu empfangen, und dieser jede Einzelne segnete! Und der Rundgang durchs Pensionat. Und der Segen in der Kirche mit der wunderbaren Ansprache des Papstes. Und die Verteilung der geweihten Medaillen. Na, und dann natürlich der ganze freie Tag und der Besuch aller Mütter und Väter, die von dem großen Ereignis gehört hatten. Und die mitgebrachten Süßigkeiten. Na, und überhaupt alles, alles. Es war prachtvoll gewesen!

„Das alles aber kommt davon, dass unsere Madame Mère eine große Heilige ist!", rief Peppina. Dann schaute sie sich schnell um. Und da gerade keine Mutter zu sehen war, rüttelte sie am schlanken Orangenbäumchen neben ihr, dass eine goldene Frucht in ihren Schoß fiel. „Aber Peppina", rief Julietta, eine etwas größere, streng. Das „aber" galt jedoch nur dem Obstfrevel, nicht dem begeisterten Ausspruch. Es fand auch keine Beachtung. „Da widerspricht mir doch wohl keine", rief Peppina triumphierend und biss tief in die süße, saftige Frucht.

Peppinas Behauptung hatte den ganzen kleinen Kreis aufs tiefste erregt. Alle rückten eifrig zusammen, um darüber zu sprechen; immer röter wurden die jungen Köpfe im glänzenden Abendlicht. Julietta nahm die Frage auf.

„Ja, ich glaube es auch gewiss, dass sie eine Heilige ist", meinte sie nachdenklich. „Wer anders als eine Heilige könnte eine Genossenschaft gründen, die in noch nicht 50 Jahren fast 100 Klöster auf der halben Erde zählt mit tausend und abertausend Klosterfrauen?"

„Und wer anders könnte vier bis fünf Stunden ununterbrochen beten, bis sein Gesicht schließlich hell und leuchtend wird wie die Sonne, was mir Schwester Margareta verraten hat?", meinte Luisa erschüttert.

„Sogar alle Tiere lieben unsere Madame Mère", mischte sich die kleine schwarze Mona ein. „Die Laienschwester hat es mir erzählt. Die, die unser Vieh füttert, die liebe, alte, wisst ihr. Nun, neulich hatte der Esel, dieser ungezogene Kerl, unser Kitzchen getreten! Das arme kleine Tier hatte einen ganz zerschundenen Kopf. Es blökte und jammerte und war durch nichts zu beruhigen. Nicht einen Tropfen Milch wollte es mehr trinken. Tagelang nicht. In ihrer Verzweiflung erzählte die Schwester es schließlich der Madame Mère und, was glaubt ihr? Gleich ging diese selbst in den Stall und kniete sich neben das kranke Tier. Da wurde es sofort still und fröhlich und als Madame Mère ihm Milch reichte, schleckte es alles ganz brav und gehorsam auf. Nun geht Madame Mère täglich dreimal in den Stall und füttert es, denn es ist noch immer sehr schwach."

„O, ich weiß aber eine noch schönere Geschichte", rief ein anderes Mädchen dazwischen. „Erzähl, erzähl!", forderten alle.

„Also gut. Unten bei der Pforte, wie ihr ja wisst, wohnt die alte Gärtnersfrau. Ihre Katze bekam letztes Jahr sieben kleine, allerliebste, schwarz-weiße Junge. Und, was meint ihr: Die abscheuliche Frau wollte sie alle ersäufen, denkt euch doch, wie grausam! Die Katzenmutter merkte das und an einem Morgen, als Madame Mère in ihrer Zelle sitzt und schreibt, kratzt es an der Tür. Sie öffnet — und die alte Katze steht draußen mit einem Kätzchen im Maul. Sie legte es der erstaunten Madame Mère auf die Knie und huscht davon. Madame Mère denkt sich was und lässt die Tür offen. Richtig, gleich darauf ist die Katzenmama wieder da und bringt das zweite. Und so eins nach dem anderen, alle sieben! Ja, die wusste, wer lieb und gut ist! Natürlich wurden die Kätzchen nicht ertränkt, sondern leben alle noch. Mutter Damina hat es mir selbst erzählt. Wem geschieht so was, außer einem Heiligen? Dem heiligen Franz von Assisi und solchen Leuten halt!"

„Zuckerlrundlauf!", befahl nun aber Susanna, eine kugelrunde kleine Neapolitanerin, mit Nachdruck. Da zog jedes Mädchen seine Schachtel mit Süßigkeiten hervor. Eifrig wurde erst das beste Stück zum eigenen Genuss ausgewählt, dann ließ man den Rest im Kreis wandern. Manche seufzte heimlich dabei, so aber war es Klassensitte. Kandierte Früchte, Schokoladen, Zuckerstangen, gebrannte Mandeln, lauter Schleckereien, machten nun die Runde. Eine geraume Weile hörte man nichts mehr als Schlecken und Schlucken und leise Freudentöne. Aber schließlich hatte Peppina, die flinke, ihre letzte verzuckerte Pflaume verschluckt und begann wieder über die große Frage zu reden, die heute all diese jungen Köpfe beschäftigte.

„Wen anders als eine Heilige käme schließlich der heilige Vater selbst besuchen?", fragte sie ernst.

„Es heißt", versicherte Luisa, „dass Madame Mère sogar schon Wunder gewirkt und Kranke geheilt hat."

„Ist das wahr, ist das wahr?", riefen alle jungen Stimmen erregt und durcheinander.

„Ja, es ist wahr!", sagte Maddalena bestimmt, ein stilles Mädchen, das bisher schweigend dagesessen hatte. Erst vor wenigen Tagen war sie in dieses Pensionat gekommen und ihre Gefährtinnen kannten sie noch kaum. „Woher weißt du das?", forderte Julietta kritisch.

„Letztes Jahr war es", begann nun Maddalena, mit leiser, fast scheuer Stimme und alle kleinen Mädchen drängten sich eifrig um sie herum.

„Zuckerlrundlauf!", verlangte aber Susanna wieder, die erst jetzt aufgehört hatte zu essen. Aber sie fand keine Gnade. „Still, Zuckerschlecker", sagte Julietta streng und auch alle anderen Mädchen warfen ihr nur vorwurfsvolle Blicke zu. Seufzend blickte Susanna in ihre bereits leere Schachtel und rollte sich dann im Gras zu einem Schläfchen zusammen.

Maddalena aber erzählte weiter. „Ich war damals im Sacre Coeur Pensionat in Turin. Auf einem Ausflug bin ich gestürzt. Es war meine eigene Schuld. Mutter Limmingh hatte verboten, auf die bröckeligen Felsen zu klettern. Aber es waren so schöne Blumen dort oben. Da bin ich auf meinen Kopf gefallen. Nach dem ersten grässlichen Schmerz des Sturzes wusste ich nichts mehr. Dann war ich sehr, sehr krank. ‚Eine bösartige Gehirnentzündung', sagte der Doktor. O, ihr könnt es euch gar nicht vorstellen, was ich für Schmerzen hatte! Wie wenn ein glühender Hammer immer, immerfort auf meinen Kopf schlagen würde. Meine Mutter weinte und ich wusste, dass ich sterben müsste und hatte Angst davor. Da kam Mutter Barat, Madame Mère, wie ihr sie nennt. Sie war auf der Durchreise nach Rom. Ich glaube, sie blieb nur einen Tag bei uns. Aber sie kam gleich zu mir ins Krankenzimmer."

„O ja, das tut sie immer, wenn man auch nur ein wenig krank ist!", rief Peppina dazwischen.

„Ich hab' sie nicht gekannt", fuhr Maddalena fort, „und ich konnte sowieso die Augen kaum aufmachen wegen der großen Schmerzen. Ich hörte nur, wie jemand leise zu mir trat und mir ein Kreuzchen auf die Stirn machte. ‚Du sollst wissen, dass Signora Maddalena da war, liebes Kind', sagte eine sanfte Stimme. Sie wollte nämlich unbekannt bleiben, denke ich mir, wir alle kannten sie ja nur als Mère Barat. Die Stimme war so lieb, dass ich die Augen weit aufriss und als Madame Mère die Tür schloss, sprang ich aus dem Bett, wie um sie festzuhalten. Erst, als ich halbwegs durchs Zimmer gelaufen war, merkte ich das Wunder: Dass ich wieder Kräfte hatte und keine Schmerzen mehr! Da erschrak ich sehr und war dann ganz außer mir vor Seligkeit. Und musste sogar weinen. Und dann hab' ich gebetet wie noch nie und mich wieder ins Bett gelegt und geschlafen. Und wie ich wieder aufgewacht bin, war ich ganz gesund, so gesund wie jetzt!"

„Wie wunderbar, o wie unbegreiflich!", murmelten die jungen Stimmen. Fast ängstlich schauten alle das geheilte Mädchen an, als wäre es selbst ein übernatürliches Wesen.

„Signora Maddalena, heilige Signora Maddalena, heilige Madame Mère!", flüsterten sie ehrfürchtig.

„Das will ich euch aber gleich sagen", fügte Julietta, die Vernünftige hinzu: „Wenn ihr vor unserer Ehrwürdigsten Mutter etwas über ihre Heiligkeit sagt, so wird sie traurig und sehr unzufrieden sein. Denn sie ist ja so unbeschreiblich demütig! Erst vorgestern hat mir der Pater im Beichtstuhl gesagt: ,Eure Ehrwürdigste Mutter ist das vollkommene Vorbild der Demut!' Natürlich war eine kleine Nutzanwendung für mich dabei", fügte sie hinzu und lachte leise. Auch die anderen Mädchen lächelten; alle wussten, dass Demut nicht Juliettas stärkste Seite war.

„Was ich wissen möchte", sagte Maddalena, „ist, wie Signora Maddalena so heilig geworden ist. Sie war doch noch ganz jung, wie sie ihren großen Orden gestiftet hat."

„Nun, sie ist natürlich so geboren. Heilig kann man nicht werden, das ist man einfach!", dozierte die kleine Peppina mit tiefster Überzeugung.

„Aber ja", meinte auch Luisa, „sonst könnten wir, du und ich, schließlich auch noch heilig werden. Siehst du mich vielleicht als heroisches Vorbild aller christlichen Tugenden, als heilige Luisa?" Darüber mussten die Kinder alle lachen. Einstimmig sagten sie: „Heilig wird man eben geboren!" Nur Maddalena blieb nachdenklich. „Meint ihr?", fragte sie leise und zweifelnd.

Aber niemand antwortete ihr. Denn in diesem Augenblick ertönte ein wilder Freudenschrei. So schrill, weitklingend, atemlos und durchdringend, wie ihn nur die vereinigten Stimmen vieler kleiner Mädchen zustande bringen. Im Nu waren alle Kinder auf den Füßen. Von jeder Seite des Gartens kamen sie herbeigestoben. Röcke flogen, Zöpfe standen senkrecht in die Höhe — es war wie in einem Bienenstock just vor dem Ausflug.

Im Garten war nämlich Mutter Barat, Madame Mère, erschienen. Sie war gar nicht mehr jung, auch hinkte sie ein wenig infolge eines langen Fußleidens. Aber aus ihrem schönen, lieben Gesicht und besonders aus ihren wunderbaren Augen strahlte es so herrlich von Liebe und Fröhlichkeit, dass niemand ihr widerstehen konnte. Am wenigsten ihre Lieblinge, die Kinder!

Sogleich war Madame Mère umringt. Von allen Seiten drängten sich die Mädchen an sie heran, als wollten sie sie erdrücken. Kaum konnte sie sich ihrer erwehren. Von allen begleitet, ging sie an ihr liebstes Plätzchen. Das war eine kleine Steinbank, unter einer großen Herz-Jesu-Statue. Eine große, breite Pinie gab Schatten, rund herum war eine weite, leicht abfallende Wiese, auf der sich alle Kinder lagern konnten. Zu ihren Füßen, vor ihren Augen, lag das ganze wunderbare Stadtbild von Rom. Man sah die Peterskuppel, die unvergleichlich schöne, majestätische, die das Kreuz trägt. Und hinter dieser ging soeben die Sonne unter; sie sank in ein Bett von abertausend glühenden, leuchtenden Farben.

Unbeweglich schaute die heilige Frau auf das prachtvolle Bild und die Kinder schauten und schwiegen wie sie. Dabei spielte ihre Hand mit dem wilden Lockenschopf Peppinas. Denn diese hatte sich natürlich den besten Platz, gerade zu Füßen der Mutter, gesichert.

Dann begann Mère Barat zu sprechen: Vom Besuch des heiligen Vaters heute Morgen und von der Peterskuppel da unten und was Wunderbares das sei: Papst, Stellvertreter Christi. Ihr ganzes Gesicht glühte dabei von ihrer großen Liebe zur Kirche.

Als sie aber schwieg, konnte Peppina, die allzeit vorlaute, ihre Neugier nicht mehr unterdrücken. Sie schmiegte sich eng an die geliebte ‚Mutter' und fragte: „O, bitte Madame Mère, sagen Sie uns eines: Nicht wahr, manche Menschen werden eben heilig, brauchbar für den lieben Gott, geboren? Die Heiligen, meine ich nämlich", fügte sie hastig bei, damit niemand glaube, sie denke vielleicht an sich selbst.

Mère Barat schaute das Kind erstaunt an. Dann blickte sie herum und sah all die glänzenden Augen mit begeisterter Verehrung auf sich gerichtet. Besonders die Maddalenas. „O", dachte Mère Barat bestürzt, „sie meinen mich. Sie meinen ich wäre — o, mein Gott, welcher Gedanke!"

Laut sprach sie. „Hört, Kinder, ich will euch eine Geschichte erzählen!" „Ja, o ja, bitte!", raunte und rauschte es durch die ganze Mädchenschar und alle rückten sie ein wenig näher, um nur ja kein Wörtchen zu verlieren. Und Mère Barat erzählte:

„Es war einmal ein kleines Mädchen", so begann sie, „das war einfacher Leute Kind. Der Vater hatte einen Weinberg und die Mutter und die Kinder arbeiteten oft und gern dort. Das machte ihnen große Freude. Louis, der Bruder, allerdings, musste bald aus dem Elternhaus scheiden. Denn er war sehr klug und sehr fromm und fühlte, dass der liebe Gott ihn zum Priester haben wollte. Da freute er sich, und sein Vater und seine Mutter freuten sich mit ihm. Sie schickten ihn auf eine Schule, er studierte und wurde wirklich ein Priester. Ein sehr guter und heiliger sogar.

Seine jüngste Schwester, das kleine Mädchen von dem ich euch erzählen will, war damals gerade erst auf die Welt gekommen. Ein furchtbares Feuer tobte in der Nacht ihrer Geburt am Nachbarshaus und der Bruder sagte: ‚Sophie ist im Feuer geboren, hoffentlich im Feuer der Liebe!'

Die kleine Sophie hatte es über alle Maßen gut. Sie und ihre Mutter liebten einander mehr, als ich es sagen kann. Und auch der Vater war immer ihr allerbester Freund. Natürlich musste sie auch etwas lernen und arbeiten, aber die Mutter machte alles sehr, sehr leicht. So hatte sie mehr als genug Zeit, im Garten und im Weinberg zu spielen. Dabei hat sie gar manche köstliche reife Traube genascht. Der Vater erlaubte das, er erlaubte überhaupt am liebsten alles!

Dann kam der Priesterbruder wieder nach Hause und wurde Kaplan im Städtchen, in dem seine Eltern wohnten. Das war für alle natürlich eine große Freude.

Nun ist es aber doch so, dass der liebe Gott frommen Priestern manchmal eine wunderbare Gabe gibt, Seinen Willen zu erkennen. So erkannte auch der Priesterbruder, dass der liebe Gott mit seiner kleinen Schwester etwas Besonderes vorhatte. Was, das wusste er nicht, aber jedenfalls etwas, wozu sie sich durch viel Studium und Ernst und Selbstbeherrschung vorbereiten musste — nicht nur durch lauter Spielen im Weinberg!

Darum kam er eines Tages und sagte: ‚Sophie, du hast nun genug gespielt und Trauben genascht, du musst jetzt lernen!'

Ihr könnt euch denken, dass Sophie, die kleine Spielkatze, da recht sehr erschrak! Besonders, als sie bald merkte, dass sie nicht nur lernen, sondern sogar ganz ungemein viel lernen sollte. Kaum eine Stunde am ganzen

Tag blieb ihr übrig, sogar auf den Spaziergängen sollte sie ihr Buch mitnehmen. Und der Bruder war ein strenger Lehrer! Er ließ ihr nicht das Geringste durch! Ei, Kinder, wie wäre wohl euch zumute, wenn ihr nun plötzlich so viel arbeiten solltet?

Für Sophie gab es keinen congé mehr. Es fiel ihr ganz bitter schwer, besonders, weil sie es so gar nicht gewohnt war.

Einmal fuhr der Bruder weg. O, Sophie war so froh! ‚Nun gibt es 14 ganz wunderbar freie Tage', dachte sie selig und lief in ihren geliebten Weinberg zu den anderen Kindern. Wohl hatte ihr Bruder ihr Aufgaben gegeben, doch sie meinte: ‚Die mache ich schon nächste Woche!'

Aber ach, welche Enttäuschung! Schon am dritten Tag kam der Lehrer zurück, fragte entrüstet nach den Aufgaben und aus war es mit den schönen Ferien! ‚Warum muss immer alles Schöne verdorben werden?', klagte Sophie und weinte sich bei einem kleinen zahmen Lämmchen aus, das immer an ihrer Seite blieb. So ein liebes kleines Lamm war das!

Ihr seht, Sophie war gar nicht besonders brav, fleißig und strebsam! Sie war gewiss nicht besser als ihr da, meine kleinen Leute! Aber eines tat sie doch nie — wenn es auch manchmal eine heimliche Träne kostete — sie sagte nie: ‚Nein, ich will nicht!' Denn sie hatte verstanden, dass es der liebe Gott war, der ihrem Bruder gesagt hatte, es müsse nun einmal so sein. Erst sagte Sophie bloß nicht

‚nein'. Dann sagte sie einmal mutig: ‚Ja, lieber Gott!' — und siehe da, da war auch die Bitterkeit des Arbeitens schon halb vorbei! Mit einem Mal hatte Sophie mehr Freude an ihren Büchern als an allen früheren Spielen!

War Sophie darum heilig? Ganz und gar nicht! Sie ist nur nicht weggelaufen, als der liebe Gott ihr gesagt hat: ‚Komm, geliebtes Kind!' Freilich hatte sie den lieben Heiland, hatte das heiligste Herz Jesu sehr lieb!"

Und Mère Barat schwieg und schaute einen Augenblick lang stumm, mit strahlendem Blick, zur Herz-Jesu-Statue hinauf.

Dann erzählte sie weiter. „Es kam die schreckliche französische Revolution ins Land, von der ihr alle wisst. Der Bruder ging nach Paris, um den Verfolgten zu helfen. Seine arme Mutter ängstigte sich fast zu Tode um ihn. Und er wurde auch gefangen, von einem Verräter angezeigt, und in die grässlichen, schwarzen Kerker der Bastillefestung geworfen! O, es war zu schrecklich!

Seine Mutter weinte ohne Unterlass. Denn jeden Tag holte man Gefangene aus diesem Kerker und köpfte sie erbarmungslos. Sophie musste die arme Frau und auch den Vater trösten. Dabei schien es ihr selbst, als würde ihr das Herz brechen. Denn sie liebte ihren Bruder und Lehrer mit jeder Faser ihres Wesens. O, sie fühlte sich gar nicht heroisch und heilig, sehnte sich gar nicht nach dem Martyrium, weder für sich noch für ihn!

Aber oftmals am Tag betete sie doch vor dem kleinen

Herz-Jesu-Altar: ‚Wir können ihn zwar freilich nicht entbehren, aber wenn du ihn haben willst, o lieber Heiland, so nimm ihn dir, wir sagen gewiss nicht nein!' Und ihre Eltern beteten wie sie.

Der liebe Gott begnügte sich aber mit dem Opfer des guten Willens. Er nahm den jungen Priester nicht, sondern beschützte ihn wunderbar. Zufälligerweise hatte es sich getroffen, dass Louis einmal jenem Mann, der jetzt im Kerker die Namen der Hinzurichtenden aufschrieb, einen großen Dienst erwiesen hatte. Das dankte der ihm nun! Oft wurde ihm, nebst anderen Verurteilten, auch der Name des Priesters Louis diktiert, auch der solle geköpft werden. Aber er tat, als überhöre er es und schrieb den Namen nicht auf die schwarze Tafel.

So blieb es, bis die schlimmste Zeit der Revolution vorbei war! Sophies Bruder wurde aus dem Kerker entlassen. Mager und blass war er, fast wie ein Gespenst anzuschauen, sodass die Leute in seinem Städtchen erschraken. Aber er lebte, seine Familie wusste sich vor Freude kaum zu fassen. Er selbst, freilich, wäre viel lieber als Märtyrer gestorben! Das sagte er jedoch niemandem.

Bald musste er wieder nach Paris zurückkehren, es gab dort zu viele Trauernde, ja Verzweifelnde, zu trösten. Und in seinem Priesterherzen wusste er: Der liebe Gott wollte nun auch Sophie in Paris haben. Sie sollte es lernen, auch ohne alle die Liebe zu sein, die Vater und Mutter zu Hause über sie ausschütteten. Auch bewunderten ihre Freundinnen die kleine Studentin sehr. Für ihre große Aufgabe musste sie aber sehr stark und sehr demütig sein können.

Der Bruder war traurig, als er Sophie und den Eltern dies sagen musste, denn er wusste, wie unglücklich sie sein würden. Sophie war erst 15 Jahre alt und noch nie von zu Hause fort gewesen. Es war ihr furchtbar, sich selbst nur einen Tag von der geliebten Mutter zu trennen. Sie konnte den schrecklichen Gedanken erst gar nicht fassen. Aber die Stimme ihres Herzens sagte ihr ganz deutlich, dass Louis ihr Gottes Willen mitgeteilt hatte. Was konnte sie da noch zu tun? Sie hatte den lieben Gott ja so lieb. So sagte sie eben wieder ‚Ja', wenn auch mit vielen Tränen. Und fuhr nach Paris.

Nun lebte sie hier ein strenges, ernstes, stilles Leben unter der Leitung des Bruders. Aber weil es für den lieben Gott war, war es nicht schwer, sondern wunderbar und schön. Es dauerte mehrere Jahre.

Und dann, Kinder, geschah etwas sehr Merkwürdiges: Sophie war, wie ich euch sagte, weder besonders gut noch besonders gescheit, vor allem gar nicht, o, auch kein bisschen heilig. Trotzdem erwählte der liebe Gott gerade sie für ein großes und sehr schweres Werk. Und das kam so.

Zwei heiligen Priestern sagte der liebe Gott von diesem Werk, das geleistet werden sollte. Frauen mussten es vollbringen, die beiden Priester aber sollten eine würdige

Gründerin dafür finden. Viele Jahre lang suchten sie nun unter den besten, klügsten und hochgestelltesten Frauen unserer Länder nach einer solchen und fanden sie nicht. Der eine starb, der andere war schon traurig und fast mutlos geworden. Da kam er nach Paris und besuchte Sophies Bruder.

Sophie, ein unbedeutendes kleines Landmädchen kam dazu, ich glaube mit der großen weißen Kaffeekanne war es, an der ein Stückchen Henkel fehlte. Sie bediente bescheiden den werten Gast. Und sogleich sagte der liebe Gott jenem Priester: ‚Das ist die Gründerin, die ich erwählt habe!'

Der Priester konnte es nicht fassen. ‚Die?', dachte er abends bei sich, ‚die bringt dem lieben Gott doch nicht eine der Eigenschaften mit, die das große Werk braucht?' Staunend stand er da, sein Neues Testament lag neben ihm. Er schlug es auf und las: ‚Ehre sei Gott in der Höhe und Friede den Menschen auf Erden, die eines guten Willens sind!' Da neigte sich der Priester vor Gottes Willen und ging, Sophie zu fragen, ob sie wohl guten Willens wäre. Er erzählte ihr alles, was er wusste.

Ihr könnt euch wohl denken, wie Sophie erschrak! Sie wusste genau, dass es ihr zu dem Werk, von dem der Priester sprach, an aller Kraft, Weisheit und Tugend fehlte. Auch hatte sie sich schon sehr darauf gefreut, bald in den stillen Karmeliterinnen-Orden einzutreten. Aber wieder fühlte sie, der liebe Gott wolle es so, wie beim Lernen, in der Revolution und vor der Reise nach Paris. Da musste sie natürlich wieder ‚Ja, lieber Gott' sagen — was hätte sie auch anderes tun sollen? So verrichtete sie eben das Werk, das der liebe Gott verlangt hatte.

Freilich, nur durch seine große Allmacht, nicht, o gewiss nicht, aus eigener Kraft! Sie war ja nur so klein und so armselig, von sich aus hätte sie alles immer nur verderben können!"

Mère Barat schwieg, ihre Hände zitterten in ihrem Schoß. „Du hast mich gefragt, kleine Peppina", fuhr sie dann heiterer fort, „ob manche Menschen heilig, brauchbar für den lieben Gott, geboren werden. Ob heilig — nun, das weiß ich nicht, ich glaube es aber kaum. Aber brauchbar für den lieben Gott sind wir alle geboren. Wir müssen nur guten Willens sein und dürfen niemals ‚Nein' sagen, wenn der liebe Gott etwas haben will. Das ist auch gar nicht schwer — Er sagte ja auch nicht ‚Nein', als wir ihm das grausame Kreuz brachten!"

Mère Barat stand auf. „Und nun, gute Nacht, liebste Kinder", sagte sie zärtlich. „Und Gott segne euch alle. Nein, begleitet mich nicht, ich will ein wenig allein sein. Ihr habt auch nur mehr eine Viertelstunde Zeit, dann läutet die Glocke zum Abendbrot. Gute Nacht!"

Und nach einem letzten, liebevollen Blick, bei dem es jedem Mädchen schien, Mère Barat hätte just ihm besonders zugelächelt, ging die stille Frau wieder ins Kloster. Alle Mädchen standen schweigend da, regungslos wie

Madame Mère sie verlassen hatte. Sie schauten ihr alle nach. Als sie ganz verschwunden war, trat Maddalena vor. „Ich will euch etwas mitteilen", sagte sie durch die Stille: „Die kleine Sophie, von der ihr eben gehört habt, hieß Magdalena Louise Sophie Barat. Es war unsere Ehrwürdigste Mutter selbst. Ich kenne ihre Lebensgeschichte. Nach meiner Heilung hat Mutter de Limminghe sie mir erzählt. Jetzt weiß ich auch, dass man nicht nur brauchbar für den lieben Gott, sondern auch heilig wird durch den guten Willen."

Bald hatten sich alle Kinder wieder im Garten verstreut. Nur Maddalena stand immer noch nachdenklich unter der Herz-Jesu-Statue. „Warum soll ich nicht auch heilig werden, Göttliches Herz Jesu?", fragte sie leise.

Und alle Glocken Roms läuteten den Abendsegen.

Der kleine Held Tarzisius

Im schönen Italien war es, vor etwa 1800 Jahren. Stolz prangte Rom, die Hauptstadt der heidnischen Welt; ihre weißen Paläste glänzten im Sonnenschein. Roms Bewohner waren mächtig und reich. Als Göttersöhne ließen sich seine Kaiser verehren. Aber unter der Stadt, in dunklen Lehmgängen und Höhlen, die man Katakomben nannte, verbarg sich ein zweites Rom. Ein anderes, heiligeres — das Rom der ersten Christen. Denn noch wüteten die Christenverfolgungen und wen ein römischer Häscher entdeckte, der war des Todes. Die Christen durften nicht daran denken, Kirchen zu ihrem heiligen Opfer zu bauen. Früh, ehe der Morgen graute, versammelten sie sich in den Katakomben zur heiligen Messe und empfingen das Brot des Lebens. So auch an jenem Tag, von dem ich euch heute erzählen will!

Der Papst hatte die heilige Handlung vollendet und sprach von den Altarstufen aus zu den Gläubigen, die sich um ihn drängten. Er war traurig, der greise, ehrwürdige Mann! Denn in wenigen Tagen wollte Kaiser Valerian wieder eines seiner Zirkusspiele aufführen. Bei diesen wurden die Christen von wilden Tieren zerrissen, als lebende Fackeln verbrannt und furchtbar gemartert.

Viele Lämmer seiner Herde erwarteten jene Stunde in schaurigen Kerkern, und von diesen sprach der Papst. Nicht dass sie sterben sollten, nicht das machte ihn traurig. Wusste er ja, sie würden mit Jubelliedern auf den Lippen ihren Kreuzweg gehen. Aber er hatte eine Botschaft, eine flehende Bitte von ihnen erhalten: „O Vater, schicke uns noch den Leib des Herrn, zur Stärkung im schweren Kampf!" Die Gefangenen hungerten nach der heiligen Kommunion.

Aber wie sollte er sie ihnen senden? Eine mehrfache Kette von Soldaten bewachte Tag und Nacht den Zugang zu den Kerkern, keiner wagte es, ihnen zu nahen. Außer einigen kleinen Knaben, die selbst zwischen den Kriegern noch spielten, scheute jeder den unheimlichen Ort.

Einigen kleinen Knaben! Wie ein Blitz fuhr dem Papst ein Gedanke durch den Sinn. Konnte er wohl ein Kind finden, dem er dieses Heiligste aller Heiligtümer anvertrauen durfte, das fähig war, es unbemerkt bis in die Kerker zu tragen? Prüfend ging sein Blick durch die dunkle Höhle, in der nur die Öllämpchen flackerten.

Zu Füßen des Altares kniete der Ministrant. Der Papst kannte ihn gut. Tarzisius hieß der kleine Mann mit den pechschwarzen Augen und wirren Locken, er mochte wohl zehn Jahre alt sein. Er war ein Schäferjunge und der geschickteste und kühnste Kletterer seines Dorfes. Wie funkelten seine Zähne, wenn er von Herzensgrund lachte! Aber in der Kirche, am Altar, konnte Tarzisius still knien wie eine Statue. Inniger, ernster als alle anderen, diente er täglich beim großen Opfer. Und wenn er zur heiligen Kommunion ging, glänzten die dunklen Augen wie reine Sterne. Der Papst hatte schon lange seine Freude an ihm. Sollte er diesem nun die erhabene Aufgabe anvertrauen?

„Komm hierher, Tarzisius", gebot der Stellvertreter Christi. Eilig, staunend folgte der Kleine und kniete zu Füßen des Greises nieder. „Könntest du für den Heiland gehorchen, schweigen, eilen, alles ertragen, vielleicht sogar den Tod?", fragte dieser ernst. Freudig blickte der Knabe auf. „Ich glaube ja, heiliger Vater, denn ich habe das göttliche Kind so lieb, lieber, als alles andere auf der Welt!", so antwortete er.

Da neigte sich der Nachfolger Petri zu ihm und erklärte ihm, was er tun solle. Heller und heller leuchtete es in den Bubenaugen. Tarzisius nickte nur, sprechen konnte er nicht, vor lauter Freude. Und als der Papst ihm schließlich das Himmelsbrot in einer goldenen Kapsel gab, da weinte und lachte das Kind in einem Atemzug.

Liebevoll wickelte der kleine Bote seinen Schatz in ein weißes Tuch. Dann warf er seinen braunen Schafspelz um. Unter diesem konnte er sein Kleinod unbemerkt durch die Straßen tragen.

Noch einmal wurde er vom Papst gesegnet. Dann eilte er freudig durch die dunklen Gänge, hinauf, zum Licht, das jener erschaffen hatte, den er nun in Händen hielt.

Fröhlich war das Leben in den Straßen Roms! Lachende, schwatzende Frauen kamen daher, mit Obstkörben auf dem Kopf. Dunkle Mädchen hielten das Kleid voll Blumen und bettelten: Kauf mir welche ab! Oder es zogen Soldaten vorbei, in glänzenden Rüstungen. Da zitterte die Erde unter dröhnenden Schritten und jedermann lief herbei, sie zu sehen. Und der Himmel lachte und die Sonne glitzerte so fröhlich, wie sie das eben nur im Süden kann!

Durch all das Drängen und Hasten schritt ein kleiner Schäferjunge. Ein braunes Fell hing ihm über die Schultern, schwarze Locken purzelten in seine Stirn. Er schaute nicht rechts noch links. Schweigend ging er seines Weges. Die rechte Hand war unter den Schafpelz geschoben.

Aber leise, im Herzen, da redete er eifrig. „Vielliebes Kind", sagte er froh und zärtlich, „nun trage ich dich an lauter armen, törichten Menschen vorbei. Die kennen dich nicht! Wie Maria, die reine, dich ins heidnische Ägypterland getragen hat. Da standen auch Tempel und Götzenbilder, gerade so wie hier. Doch damals hattest du deine heilige Mutter und Sankt Joseph und das sanfte Eselchen bei dir. Nimm mich dieses Mal als Eselchen an, o liebes Gotteskind!"

Da stürmte eine Schar Jungen vorbei. Tarzisius kannte sie gut, es waren seine Freunde und Spielkameraden. „Schnell, schnell, Tarzisius!", so riefen sie atemlos, „wie gut, dass wir dich treffen! Draußen, vor dem Appischen Tor, sind fremde Männer aus dem Morgenland, die zeigen ihre wunderbaren Künste." Dem Knaben klopfte das Herz. Akrobaten, Zauberer! Welch geheimnisvolle Dinge mochten sie vollbringen? Das musste man sehen!

Aber schon schämte er sich des Wunsches und seine Hand umfasste fest die kleine Kapsel, in der alle Wundermacht verborgen lag. „Ich kann jetzt nicht, ich habe etwas zu tun", antwortete er den Freunden. Da schimpften die Jungen, aber einer rief: „Er fürchtet sich vor den Zauberern." Und alle lachten. Das heiße Blut schoss dem Schäferjungen in die Stirn. Aber er biss die Zähne zusammen, wandte sich um und ging. Noch lange tönte ihm das Spotten und Rufen nach.

„Wie die frechen Soldaten gehöhnt haben: Sei gegrüßt, du König der Juden, hat dich das sicher auch im Herzen gebrannt, liebster Jesus", so sagte er leise und warf tapfer den Kopf zurück.

Weiter ging er, immer weiter. Jetzt konnte er schon die Stelle sehen, unter der die Marmetinischen Kerker lagen. In denen beteten die christlichen Helden, tief in unterirdischer Nacht, an feuchten Stein gekettet.

Nur über den großen Marktplatz, das Forum, musste er noch gehen und dann die paar Schritte zum Kapitol hinauf! Sein Herz klopfte immer schneller und fest drückte er die heilige Kapsel daran, als wollte er sie vor Räuberhänden schützen. Ein Gefühl großer Angst kam über das Kind. „Starker Herr, heiliger Herr, hilf mir!", so betete und bettelte er in seinem Herzen.

Wohl hatte Tarzisius Recht, wenn er so innig rief: „Herr, hilf mir!", denn in einen schweren, schrecklichen Kampf wollte ihn die Hand Gottes nun führen. Wollte dem frommen Schäferjungen Gelegenheit geben, einer der ganz großen Helden Christi zu werden. Aber würde der Knabe den Kampf auch wagen und durchhalten bis zum Ende?

Am Marktplatz saß eine Schar Jungen. Ihre Väter waren reiche und vornehme Herren, Patrizier, die angesehensten Beamten der Stadt. Der Hochmut der Väter hatte sich schon auf die Söhne vererbt.

Sie spielten ein bekanntes Kriegsspiel. Einige mussten die Stelle des Feindes einnehmen, der in der Festung saß. Die anderen waren die römischen Feldherren, die die Stadt belagerten. Es war ein schönes, lustiges Spiel und die kleinen Römer liebten es über alles. Man wurde nie müde, es zu spielen, immer wieder fand sich eine neue interessante Art.

Aber heute, wie ärgerlich, fehlte gerade ein Spieler! Auf der römischen Seite konnte nicht erobert werden. Schon seit geraumer Zeit hielten die Jungen verlangend Umschau nach einem Bekannten, um ihre Zahl voll zu machen.

Nun kam Tarzisius des Weges. Wohl war er kein Sohn eines hochgestellten Vaters. Aber sein Vater hatte ihn doch eine Zeit lang auf die Schule geschickt. Von dort her kannte ihn einer der Knaben.

Kaum betrat er den Platz, da riefen und befahlen sie alle: „Komm hierher, Tarzisius, spiel mit uns!" Erst beachtete er sie nicht, er war in seine Gedanken vertieft. Das reizte die jähzornigen Burschen. Einer herrschte ihn an: „Was soll das Sklave, du sollst schneller hören, wenn ein Patriziersohn zu dir spricht!"

Tarzisius fuhr aus seinem Beten erschrocken auf. Ernst schaute er auf den großen Jungen und sagte: „Was willst du, Cajus? Du hast mich ganz erschreckt! Und warum nennst du mich Sklave? Ich bin eines freien Mannes Sohn, so gut wie du!"

Da lachte der Ältere zornig. „Mit mir willst du dich vergleichen, du Bauernlümmel, das ist wirklich gut! Weißt du nicht, dass mein Vater der erste Richter Roms ist? Und was ist denn der deine? Ein halber Bettler!"

Ein heftiger Zorn fuhr in den kleinen Tarzisius, als er den großen Burschen so reden hörte. „Mein Vater ist ein guter Mann", erwiderte er hitzig. „Ob das der Deine ist, das weiß ich nicht!"

Wütend fasste ihn Cajus nun an der Schulter und begann ihn zu schütteln. Da mischte sich ein anderer der Spieler in den Streit. Sie brauchten doch einen Spielgefährten; das ging nicht, wenn sie stritten. So sagten die Kinder zu Cajus, und schließlich gelang es auch, den Zornigen zu beruhigen. Nun sagte man Tarzisius, was man von ihm verlangte.

Einen Augenblick, einen ganz kurzen Augenblick nur,

als Cajus seinen Vater geschmäht hatte, hatte der kleine Gottesträger wirklich sein hohes Amt vergessen. Doch sogleich kam es ihm wieder ganz in den Sinn, und er begriff sofort die schreckliche Gefahr, die ihm von diesen Jungen drohte. „Schütze mich, schütze mich", so flehte er angstvoll, „dass sie mir Dich nicht rauben!"

Und ruhig antwortete er den drängenden Knaben. Er sagte ihnen, dass er jetzt nicht mitspielen könne. „Erst habe ich einen wichtigen Auftrag auszuführen, aber nachher werde ich gerne spielen, so lange ihr wollt!" Und seine Augen glänzten vor Angst, nicht um sich, nein, um das Heilige, das er trug.

Aber vergeblich bat er, suchte er zu scherzen. Die Wut der Knaben loderte sogleich auf, als sie merkten, dass er ihnen nicht den Willen tun wollte. „Schlagt ihn windelweich, damit er lernt, dass man Patriziersöhnen nicht trotzen darf!", rief der rohe Cajus. Auch die anderen hatten kein Mitleid mit dem ängstlichen Flehen: „Lasst mich weitergehen!" Verwöhnt und herrisch wie sie waren, konnten sie es nicht vertragen, auf irgendeinen Wunsch zu verzichten.

Von allen Seiten regnete es Schimpfworte, bald folgten Schläge und Stöße. Immer krampfhafter umklammerte das arme Kind die geliebte Kapsel. Umsonst suchte er sich mit der einen linken Hand gegen die Übermacht zu wehren.

Bis Cajus rief: „Was hält der dort unterm Fell verborgen? Heraus damit!" und „Heraus, zeig her!", scholl es von allen Seiten. „Das darf ich nicht und das tue ich nicht", antwortete der Knabe fest und bestimmt.

War es der Bekennermut dieses Wortes, die Ruhe mitten im Kampf, an der die rohen Burschen den Christen erkannten? Vielleicht hatten sie schon Märtyrer im Zirkus gesehen. „Er ist ein Christ, nieder mit dem Christen!", erscholl es plötzlich von allen Seiten.

Da wusste Tarzisius, dass ihn nichts mehr retten konnte. Nicht mehr lange versuchte er, sich zu wehren, mit beiden Händen umklammerte er sein Heiligtum. „Jesus, Jesus", flüsterten seine blassen Lippen. Wie Wölfe auf ein sterbendes Lamm, so warfen sich die jungen Heiden auf den Christen. Bald lag Trazisius am Boden, aus vielen Wunden blutend.

Nur einige Augenblicke noch und er wäre gestorben, zermalmt von der Wut seiner Gegner. Was wäre dann aus dem Gottesgeheimnis an seinem Herzen geworden? Der himmlische Vater konnte nicht dulden, dass Seinem Sohn solche Schmach geschah.

Darum kam in diesem Moment eine Schar Soldaten auf das Forum. Weithin erschallten ihre mächtigen Schritte, drohend klirrten die schweren Panzer. Als Erster marschierte Sebastian, ihr Offizier. Er war einer der angesehensten im Lieblingsregiment des Kaisers und — was damals noch kein Heide ahnte — ein eifriger Christ. Vor seinem Zorn zerstoben die herzlosen Knaben wie Spreu im Wind.

Das sterbende Kind lag nun allein auf dem Pflaster. Liebevoll hob der Offizier ihn auf. Da erkannte er den kleinen Ministranten, den er oft in der Katakombe gesehen hatte. „Du, mein Tarzisius, was machst du hier?", fragte er betrübt.

Schmerzlich schlug der Kleine die Augen auf. Dann lächelte er froh, da er Sebastian sah. Er kannte den frommen Krieger. „Lieg still, Kind, streng dich doch nicht so an!", bat der Mann, als er sah, wie der Sterbende mit unendlicher Mühe ihm etwas zeigen wollte.

Aber Tarzisius durfte noch nicht ruhen. Seine letzte Kraft nahm er zusammen und zog die zerschlagene Hand mit der Kapsel unter dem Schafspelz hervor. „Das Jesuskind für die Gefangenen", so flüsterte er.

„O Gott!", sagte der Offizier und seine Stimme wurde plötzlich heiser. „Ihn zu verteidigen bist du gestorben, du kleiner Gottesheld! Sei gewiss, ich bringe das Engelsbrot selbst in die Kerker!"

Tarzisius lächelte leise, selig. Ob er den Mann noch verstand? Tief atmete er noch einmal und dann schloss er die großen, treuen Augen.

Und als er sie wieder öffnete, blickten die göttlichen Augen unseres lieben Herrn und Heilandes selbst auf ihn herab. Der ewige König trug Seinen tapferen kleinen Krieger in sein Reich der Glorie und Glückseligkeit hinein. Dort preist er nun den lieben Gott in alle Ewigkeit.

Der tapfere Soldat Sebastian

Sebastian, der sich des sterbenden Tarzisius angenommen hatte, war Offizier in der Leibgarde des Kaisers Diokletian, ja ein besonderer Liebling dieses grimmigen Herrschers, weil er zugleich so kühn und so bescheiden war. Aber Sebastian war noch viel kühner, als sein kaiserlicher Herr ahnte. Nicht genug damit, dass er keinen Feind fürchtete, er zitterte auch vor dem eigenen Herrscher nicht. Der hochherzige junge Mann hatte die Lehre des verachteten Zimmermannssohnes aus Galiläa kennen gelernt. Er begriff rasch, dass das keine leeren Fabeln waren, wie er bisher gemeint hatte, sondern Gottes ureigenes Wort.

Kaum hatte er das erkannt, da wurde er Christ, ohne Zagen und Zögern. Dass Gottes Wort das höchste Gebot sein müsse, erschein ihm sonnenklar. Freilich wusste Sebastian auch, dass des Kaisers Grimm furchtbar sein würde, wenn seine Bekehrung einmal dem Christenverfolger zu Ohren käme. Doch das hinderte ihn nicht. Der Held auf dem Schlachtfeld war kein Feigling vor dem eigenen Gewissen.

Jetzt hatte er einen doppelten Dienst. Immer noch gehorchte er treu und gern dem Kaiser, wie die Soldatenpflicht es ihm gebot. Noch treuer, noch lieber aber folgte er nun auch seinem neuen Herrn, dem König der Könige.

Im Morgengrauen, bevor der Dienst rief, kniete der hohe Offizier betend in den unterirdischen Katakomben, dem Versteck der gehetzten Christen. Die Armen und Elenden, sie lernten ihn kennen und lieben. Ganz besonders aber kümmerte er sich um die Gefangenen.

Schreckliches hatten diese in den dunklen, feuchten Kerkern zu erdulden. Der kaiserliche Offizier, der überall Zutritt hatte, kam da wie ein Engel des Lichtes helfend zu ihnen. Nicht nur für ihren Leib, auch für ihre Seelen sorgte er.

Da waren zwei Brüder, Marcus und Marcellian, die um ihres Christenglaubens Willen ins Gefängnis geworfen worden waren. In wenigen Tagen sollten sie sterben. Nun kamen ihre Eltern, die junge Frau des einen mit seinem Kind und warfen sich mit Tränen und flehenden Bitten vor ihnen nieder. Diese armen Menschen waren noch Heiden. Es schien ihnen unfasslicher Wahnsinn, dass ihre Liebsten in einen so frühen und unnötigen Tod gehen sollten. Tag um Tag kamen sie, klagten und flehten.

Bis schließlich die Widerstandskraft der armen Brüder erlahmte. Sie versprachen, ihrer Familie zu liebe, ihrem Glauben abzuschwören.

Sebastian hörte davon. Es erfüllte ihn tiefer Schmerz, dass diese beiden, so knapp am Ziel, die Himmelskrone noch verlieren sollten. Er ging zu ihnen hin und sprach mit feurigen Worten von ihrer Pflicht gegen Gott. Und wie Jesus alles, selbst seine viel geliebte Mutter, für uns verlassen hat.

Während er so sprach, kam Nicostratus, der Gefängniswärter, mit Zoë, seiner Frau. Sie brachten den Gefangenen das Essen. Der heidnische Wärter hörte voller Entsetzen die Worte des kaiserlichen Offiziers.

Aber Sebastian verstummte nicht. Immer inniger und herrlicher pries er das Reich und die Liebe Jesu. Da höhnte Nicostratus: „Wenn dein Gott wirklich solche Macht hat, so heile er meine Frau, die seit Jahren taub ist und auch kein Wort sprechen kann!"

Sebastian wandte sich der Frau zu. Sie war tatsächlich taubstumm. Da warf er sich auf die Knie und flehte in innigstem Gebet um das Wunder, das so viele Seelen retten konnte.

Gott der Herr erhörte seinen treuen Diener. Zoës Zunge und Ohren wurden sogleich gelöst, sie brach in laute Jubelrufe aus.

Noch in der gleichen Stunde ließen Nicostratus und Zoë sich taufen. Marcus und Marcellian aber erneuerten von ganzem Herzen ihren Treueschwur gegen den lieben Gott. Wenige Tage darauf zogen sie als Märtyrer in den Himmel ein.

Vielen, vielen hatte Sebastian so schon geholfen, ohne Furcht vor Entdeckung oder Verfolgung. Noch ahnte der Caesar nichts. Wie gern hätte Sebastian ihm alles gesagt!

Geheimnisse hasste er und groß war seine Sehnsucht nach der Krone des Matyriums. Aber es war ihm, wie allen Christen, verboten, mutwillig die Wut der Heiden auf sich zu lenken. Still und geduldig sollten sie warten, ob Gott das Lebensopfer von ihnen fordern wollte.

Und schließlich kam die große Stunde. Der Kaiser hielt Hof. Sebastian und seine Soldaten umstanden, wie gewöhnlich, den Thron. Bittsteller kamen und gingen, alles zitterte vor der Laune des Tyrannen.

Unter diesen war ein junger Römer von schlechten Sitten. Er stand in der Ungnade des Herrschers. Vergeblich bat und flehte er um eine Gunst, der Kaiser hörte nicht auf ihn. Und als er nicht gehen wollte, fuhr ihn der Herrscher mit harten Worten an.

„Nicht einen Schritt könnte ich mich auf dich verlassen, du Feigling, und dir soll ich eine Gunst erweisen?"

Heiße Wut kochte in den Adern des so Verachteten; er hörte, wie die Herren des Hofes lachten. Zufällig fiel da sein Blick auf Sebastian, der ernst und still auf seinem Posten stand.

Da blitzte eine Erinnerung in ihm auf. In seinen falschen Augen begann es gefährlich zu leuchten. Diesen Offizier hatte er schon einige Male aus den Katakomben kommen sehen, wenn auch als Bauer verkleidet. Und die Kerkerwächter hatte er flüstern hören, dieser sei ein Christ. An ihm konnte er nun vielleicht seine Rachsucht kühlen!

„Mir vertraust du nicht, o Cäsar!", rief er darum frech, „aber solch feigen Heuchlern, wie diesem Christen Sebastian, vertraust du!" Mit einem Wutschrei sprang der Kaiser auf. „Du lügst, Schuft", schrie er ihn an, „was wagst du da zu behaupten?"

Entsetzt war der Unglückliche vor dem kaiserlichen Zorn in die Knie gefallen. Diokletian aber wandte sich an seinen Offizier. „Sag ihm, dass er lügt", gebot er, „und wirf ihn dann in den tiefsten Kerker!"

Der große Augenblick war gekommen. Fürchtete sich Sebastian vor dem zornigen Herrscher und dem ganzen versammelten Hofstaat? Sehr ruhig trat er vor und blickte seinem Herrn ins Auge. „Er lügt nicht, o Cäsar", sprach er, „Ich bin ein Christ!"

So totenstill wurde es einen Augenblick lang im großen Saal, als wären all diese Menschen da in Stein verwandelt worden. Mit entsetzten Blicken starrte alles auf Sebastian. Der Kaiser war erbleichend auf seinen Sitz zurückgefallen. Fast schmerzhaft umklammerte seine Hand den vergoldeten Griff.

„Du, Sebastian?", fragte er dann mit heiserer Stimme, „auch du gehörst zu diesen Staatsfeinden und Verrätern?"

Die helle Röte schlug dem Offizier ins Gesicht. Er liebte ja seinen Kaiser. O, dass er ihm alles erklären, dass er ihn das Königtum Christi lehren könnte! „Nicht Staatsfeind, nicht Verräter, o Cäsar", so sagte er inig, „keinen treueren Diener hast du in deinem ganzen Reich als mich!

Gerade das Christentum lehrt uns Treue bis in den Tod — ja bis über den Tod hinaus. O Cäsar, dass du es doch endlich kennen lernen wolltest! Dann ..."

„Schweig!", fuhr der Kaise rihn nun an. Er war zu sich gekommen. Grimmig schaute er umher. Er sah die triumphierende Freude im Gesicht des Anklägers. Er fühlte, wie seien Hofherren, trotz ihrer ehrfürchtigen Blicke, innerlich lachend sich sagten: „Der Kaiser ist recht betrogen worden —. Nun will der Schelm ihn noch belehren!" Er hatte Sebastian wirklich geliebt, umso brennender schmerzte ihn jetzt die Enttäuschung.

„Weg mit ihm, tötet ihn", gebot er wütend einem anderen Offizier. „Aber nicht ehrenvoll, nicht in offener Arena soll er sterben! In einem Hinterhof sollen die Schwarzen, meine Bogenschützen, ihn umbringen, wie sie es wollen. Und den schafft mir auch vom Hals", fügte er grimmig auf den noch immer knieenden jungen Mann weisend hinzu, „nie wieder soll er es wagen, mir unter die Augen zu treten!"

Still und ehrfurchtsvoll grüßte Sebastian den Herrn, der ihn so schmählich behandelte. Dann ging er festen Schrittes aus dem Saal, dem Tod entgegen.

In der kalten grauen Dämmerung des nächsten Morgens holten die Schwarzen ihren Gefangenen aus seinem Kerker. Es waren halbwilde Gesellen, Sklaven, die an der Küste Afrikas gefangen worden waren. Die Römer verachteten sie sehr. Sie aber hassten die stolzen, weißen Männer. Und hatten sie auch mit diesem besonderen Offizier nie etwas zu tun gehabt — er war ein Römer und daher ihr Feind. Es erfüllte sie mit teuflischer Freude, ihn zu Tode peinigen zu dürfen.

Sie banden ihn an einen Baum, er sollte ihnen als Schießscheibe dienen. Unter Spott und Beschimpfungen überschütteten sie ihn mit einem Hagel scharfer Pfeile. Bis er endlich, endlich ganz durchbohrt und zerrissen, zusammenbrach.

Und Sebastian, was tat, was fühlte er? Seit dem letzten, traurigen Blick, den er gestern auf seinen Kaiser geworfen hatte, war eine solch himmlische Freude in ihm, dass er sie kaum zu verbergen ermochte. In dem übelriechenden Loch, das man ihm als Kerker gegeben, war er die ganze Nacht hindurch mit ausgebreiteten Armen auf den Knien gelegen. Und als sie ihn nun an den Baum fesselten, ja, als sein ganzer Körper vor Schmerz schon bebte und zuckte, da jubelte seine Seele nur um so mehr. Eines aber betrübte ihn noch: die Verstocktheit des Kaisers, den er leibte — wie schrekklich, wenn er in seinen Sünden sterben müsste? Sebastian schauderte, herzinnig betete er für den harten Mann.

Die Schwarzen hatten ihr furchtbares Spiel beendet, das Opfer war ihnen entglitten. Sie schnitten den Körper los, trugen ihn aus ihrem Hof und warfen ihn draußen auf eine Wiese. Mochte ihn holen, wer da wollte!

Dort aber fand ihn eine gromme Frau. Die Nachricht,

dass Sebastian verhaftet worden war, war mit Windeseile durch die ganze Christengemeinde Roms geflogen. Schrecken und Trauer hatte alel erfasst. In jeder Katakombe betete man für den frommen Helden.

Irene, eine heiligmäßige Witwe, aber hatte sich in der Nähe der Kaserne versteckt. Hier hoffte sie Genaueres zu erfahren.

Und sie erfuhr alles, als der blutüberströmte Körper des Märtyrers zu ihren Füßen lag!

Mit bitteren Tränen hob sie ihn auf und brachte ihn in ihre Villa. Sie legte ihn auf ein Bett und wollte ihn zum Begräbnis schmücken. Doch plötzlich fuhr sie auf — Sebastians Herz schlug noch ganz leise!

Nun hatte Frau Irene eine heilige Arbeit! Mit unendlicher Sorgfalt pflegte sie den todkranken Mann. Pflegte und hegte ihn, bis er sich von all seinen Wunden erholte. Sebastian lebte wieder!

Wohl war er blass und hager, fast wie ein Gespenst anzuschauen. Auch war ein großer Ernst über ihn gekommen, als gehöre er der Erde nicht mehr recht an. Er war ja auch schon an der Himmelstür gewesen und sollte nun wieder ins irdische Jammertal zurück?

Aber je mehr er sich erholte, desto klarer wurde ihm alles. Gott hatte sein Gebet erhört — noch hatte er eine Aufgabe auf Erden zu erfüllen. Da freute er sich.

Es kam der Tag, an dem er sein Lager verlassen, an dem er ohne seine treue Pflegerin sein konnte. Von Herzen dankte er der guten Frau. Sie weinte, als er ging. Aber keinem verriet er, was er im Sinn hatte.

Und abermals nahte die Stunde, in der der Cäsar Hof hielt, in der die Bittsteller vor ihm erscheinen durften. Langsam, mürrisch stieg der Herrscher die große Treppe herab, die in den Empfangssaal führte. Seine Hofherren und seine Leibgarde — andere Soldaten, eine anderer Offizier — gingen schweigend hinter ihm her.

Plötzlich stockte der Kaiser. Er fuhr zurück, alles Blut wich aus seinem Gesicht. Keuchend starrte er auf einen, der wie eine Erscheinung vor ihm aufgestanden war. Sebastian! Der blasse Mann, mit dem Schmerzensgesicht und dem grauen Haar — das war nicht sein lebensfroher Offizier! Und dennoch war er es, er, den die Bogenschützen so grausam ermordet hatten!

Eisige Angst überfiel den Kaiser, er wollte fliehen.

„Bleib stehen, Cäsar, und höre auf mich!", rief aber jetzt die Stimme, die er geliebt hatte, die jetzt so anders, so überweltlich klang. Und mit feurigen Worten verkündete der Mann den Glauben Christi, die Herrlichkeit, die er brachte, aber auch die Strafen, die dem Verstockten drohten. „Rette deine Seele, o Cäsar, jetzt noch, bevor es zu spät ist!", rief er mit erschütternder Stimme.

Da konnte der Kaiser es nicht mehr ertragen. Mit einem Aufschrei warf er den Mantel über sein Gesicht und floh in den Palst. Die heidnischen Soldaten aber stürzten sich jetzt auf den Bußprediger. Mit Schwertern und Knüppeln schlugen sie auf ihn ein, bis er den Geist aufgab.

Was kümmerte es Sebastian? Glückstrahlend hob er die Arme zu Himmel. Der gehörte jetzt ihm — sein schwerer Kampf auf Erden war vorbei!

Und der Kaiser? Ob Sebastians Worte in ihm wirkten? Wir wissen es nicht. Zunächst blieb er wohl der Christenverfolger, der er gewesen war. Aber schon nach einem Jahr legte er seine blutbesprengte Kaiserkrone freiwillig nieder und verließ dieses Rom, in dem er solche Gräuel vollbracht hatte.

In seiner Villa Salona in Dalmatien verlebte er in stiller Einsamkeit den Rest seines Lebens. Wohl dem, der einen Heiligen zum Schützer und Fürsprecher in Himmelshöhen hat!

Sankt Elisabeth, die Wohltäterin

„Ist heute aber ein schöner Tag!", sagte Bernhard der Page. Behänd wie ein Kater sprang er auf einen niederen Mauervorsprung und schmiegte seinen schmalen Jungenkörper an denselben. Es war so herrlich hier in der Sonne, Bernhard hätte schnurren möge vor Behagen.

Blau und silbern glänzte seine reichverzierte Pagenkleidung; schmal, spitz, saßen die Schuhe auf den etwas knochigen Füßen. Mit blinkenden Zähnen lachte der Junge zu Jutta, seiner Gefährtin, hinab. Sie stand unter ihm und schaute verlangend zu dem sonnendurchglühten Plätzchen hinauf.

Aber nicht nur das lange, enganschmiegende Gewand aus gelblichem Tuch, auch die gute Sitte des 13. Jahrhunderts verbot dem Jüngferlein nachdrücklichst, solche Kletterkünste zu wagen. So setzte sie sich denn an den Brunnenrand und schob den Kopf mit den offenen Haaren zwischen die weichen Efeublätter.

„Das kannst du mir schon glauben, Jutta", begann Bernhard nun wieder zu sprechen, „da sich schon so viel in fremden Landen herum gekommen bin. Nirgends in aller Welt ist es so schön wie auf der Wartburg! Es sind jetzt sechs Jahre her, dass ich zuletzt hier war. Sechs Jahre, dass ich fort musste, meine Pagenlaufbahn zu beginnen! Damals war ich erst acht. Heute aber werde ich schon Knappe!" Und Bernhard schloss beinahe die grünlich braunen Augen und blinzelte zur Morgensonne hinauf.

Still war es jetzt im weiten Burghof. Nur Panther, der schwarze Lieblingshund des jungen Landgrafen, schnappte träge nach Fliegen.

Über dem Haupt der beiden jungen Leute wogte majestätisch Thüringens Landesflagge. Blau und silbern war die, und ein rotweiß gestreifter Löwe mit goldener Krone prangte auf ihr. Als kleiner Wicht hatte Bernhard oft versucht, so breit wie das Wappentier daher zu stolzieren. Jutta und er waren schon damals recht gute Freunde gewesen.

Dann war der Junge, ein entfernter Verwandter des Hauses, fortgezogen, um bei des Landgrafen Onkel, Heinrich, die Erziehung eines Rittersohnes zu empfangen. Heute war es das erste Mal, dass er in die Heimat seiner Kindheit zurückkehren durfte.

Jutta war nicht in Thüringen geboren. Weit fort, im sonnigen Ungarland, stand ihre Wiege. Fünfjährig kam das schwarzhaarige Mädchen als kleines Edelfräulein, als Begleiterin eines noch jüngeren Königskindes, hierher.

Wie ein stolzes Märchen erschien damals den beiden Kleinen die prangende Wartburg. An der Zugbrücke aber stand ein blonder Knabe, um sie zu begrüßen. Zehnjährig war er, mit hellen, blauen Augen: des Landgrafen einziger

Sohn. Im Tor standen seine Eltern und viele Herren und Damen.

Und aus dem Wagen, in welchem auch Jutta saß, ja aus einer großen silbernen Wiege, hoben vier thüringische Ritter die kleine Prinzessin aus dem fremden Land. Es war die kleine Elisabeth, des ungarischen Königs liebe Tochter. Sie sollte einmal Ludwig, den blauäugigen Landgrafensohn, heiraten und Herrin sein auf der Wartburg. Zu diesem Amt musste sie nun in Thüringen erzogen werden.

Krampfhaft hatte Elisabeth damals die Hand der kleinen Gefährtin festgehalten. Wie ein verschrecktes Vögelchen schaute sie von den großen Rittern zu einer hohen, streng blickenden Frau, ihres Bräutigams Mutter. Die sollte nun das fremde Kind übernehmen. Und eine kleine Agnes gab es auch, Ludwigs jüngere Schwester. Misstrauisch blickte diese auf den weitgereisten Gast.

Das alles war nun schon zehn Jahre her, jetzt war Elisabeth 14. Und in diesen Tagen war, unter festlichem Jubel, dieses Kind mit dem jungen Landgrafen vermählt worden. Sein Vater war gestorben, er war der Herr in Thüringen. So wurde Elisabeth Landesmutter, bevor sie noch selbst aufgehört hatte, ein Kind zu sein.

„Jutta!", sagte Bernhard und sprang plötzlich von seinem Sonnenplätzchen weg und zu ihr herab, „Jutta, sag mir etwas! Wie kommen Frau Elisabeth und ihre Schwiegermutter und Schwägerin Agnes jetzt aus? Ich weiß ja doch, wie alles früher war und wie schwer unsere Frauen deinem

Königskind das Leben machten! Nun hat es alle Macht — zahlt es ihnen jetzt etwas zurück? Mach kein so strenges Gesicht, Jutta, sondern verrate mir's! ich plaudere gewiss nichts aus!" Ganz leise war des Jungen Stimme geworden, er warf einen schnellen Blick umher, um sich vor Lauschern zu sichern. Jutte aber blickte ihn recht unwillig an.

„Man merkt's wahrhaftig, Bernhard, dass du lange fort warst! Sonst käme kein solcher Gedanke dir in den Sinn — dass unsere Frau rachsüchtige Gefühle heben könnte! Sie, der liebste, gütigste Mensch, der jemals gelebt hat! Ich sage dir: kein Kind könnte zärtlicher mit der eigenen lieben Mutter und Schwester sein, als Frau Elisabeth es mit der alten Landgräfin und Jungfer Agnes ist!"

„Na, das ist stark!", meinte darauf der Junge. „Die haben's wirklich nicht um sie verdient! Ich hab mich oft gefragt, warum die beiden gar so herzlich waren mit diesem allerliebsten Mädchen. Natürlich war's der blanke Neid! Sie konnten schon kaum die große Schönheit der Ungarin verwinden. Doch dass sie auch so sonnig und so lieb und gut war, und dass sie betete wie ein kleines Heiligenbild, das konnten unsere Frauen nicht ertragen! Nach einem Jahr war Prinzessin Elisabeth schon Thüringens Liebling — das war die Alte nie gewesen. Ja, unsere Damen hier sind eben mehr von der säuerlichen Sorte!"

„Bernhard, jetzt bist du aber still!", fuhr nun das Edelfräulein auf. „Wie kannst du es nur wagen, solch lose Reden zu führen."

Aber der große Junge lachte nur recht herzlich, dass ihm die Tränen in die Augen traten.

„Ach Jutta, du gutes Kind! Uns Pagen ist nun allemal der Schnabel lose gewachsen! Könntest du uns hören, wenn wir so abendlich zusammen sitzen — o weh, dir wüchsen graue Haare! Tu auch nicht so! Wir haben früher auch oft genug miteinander geschimpft! Erinnerst du dich, damals, als Elisabeth den Korb mit Eiern zu ihren lieben Armen tragen wollte? Und die alte Landgräfin des Weges kam, recht gelblich und vergrämt? Wie sie die Prinzessin sah, rief sie: ‚Was trägst du da schon wieder?' Und, klatsch, schlug sie ihr den Korb glatt auf die Erde! Einen Moment wurde Elisabeth so rot, ich dachte schon: diesmal erträgt sie's nicht! Aber sie erwiderte kein Wort und hob ganz still die Schalen und Reste auf. Da lachte die alte Hexe noch und rief: ‚Welch edles Königskind, kniet da im Staub und klaubt zerbrochene Eier wie eine Magd.' Und ging so ihres Weges. Ich half der Prinzessin und begann recht ordentlich zu schimpfen. Doch da sagte sie ganz streng: ‚Still, Bernhard!', zeigte auf das Kreuz am Tor und fragte nur. ‚Hat Jesus nicht auch geschwiegen?' — Jutta, das vergess ich nie!"

„Und der große Lärm, im Saal, als die alte Landgräfin unsere Elisabeth vor dem ganzen Hofstaat schmähte, weil sie bei der heiligen Messe ihre Krone abgenommen und sich so tief vorm heiligsten Gut geneigt hatte! Und Elisabeth sagte nur leise: ‚Verzeiht, Mutter, aber ich musste so viel an die Dornenkrone unseres Heilandes denken, da drückte mich mein Krönchen schwer!' O Jutta, waren das schlimme Zeiten!"

„Das war noch lange nicht das schlimmste, Bernhard!", sagte das Mädchen nun.

„Viel ärger wurde es später, als du fort warst. Nachdem der gute alte Landgraf Hermann gestorben war. Da wollten sie durchaus den jungen Landgrafen zwingen, sich eine andere Braut zu nehmen und seine Verlobte hinaus zu stoßen!"

„Und als er lange fern blieb, da jubelte alles. Beim offenen Mahl, in unserer Herrin Gegenwart, erzählte man, Fürst Ludwig wolle von seiner Braut nichts mehr wissen!"

„Bernhard, in Frau Elisabeths Zimmer steht ein großes Kreuz. Dort sind schon viele, viele Tränen niedergeflossen! Ich hab's gesehen. Aber keinen Zorn, kein hartes Wort duldet meine Herrin, bei ihr selbst nicht, noch bei mir. ‚Komm, Jutta, schenken wir's unserm viellieben Heiland!', so sagte sie dann, ‚es ist so schön, wenn man Ihm etwas schenken kann!' Und jetzt soll niemals mehr davon gesprochen, noch daran gedacht werden!"

„So hat's die Liebe, Gute auch gehalten! Bis endlich Landgraf Ludwig heim kam und durch den Ritter Varina erfuhr, wie alles stand. Da war er bitterbös und tief gekränkt. Und ließ sogleich verkünden: noch diesen Sommer soll die Hochzeit sein!"

„Da war dann schöne Zeit! Und jetzt ist Frau Elisabeth

so glücklich, o so glücklich! Und sucht nun alle anderen auch froh zu machen — auch all die alten Feinde!"

„So wär' ich leider nicht!", seufzte Jung-Bernhard und strich sich seufzend durch die dichten Haare.

Und Jutta lachte: „Bernhard, das glaube ich bald selbst!"

Da kam ein kleines Mädchen durch das innere Tor gelaufen. Ein mageres, blasses Geschöpf mit wirrem Haarschopf. Geduckt und ängstlich huschte es herein, als wäre es vor jemandem auf der Flucht. Als es aber Jutta sah, hellte sich sein Gesichtchen auf.

„Fräulein Jutta, liebes gutes Fräulein, helfen Sie mir!", rief es laut, lief eilig zu ihr hin und klammerte sich ängstlich an das faltenreiche Gewand.

„Na, du kleine Schmutzige, lass doch das Kleid da los!", lachte Bernhard. „Glaubst du, der Wolf sei hinter dir her, dich zu verschlingen?"

„Der Wolf nicht, aber der Sohn des Kastellans", antwortete das Kind verschreckt. Im nächsten Moment stand auch der junge Torhüter schon drohend vor dem Brunnen. „Hat sich das ungezogene Ding doch wirklich in den Hof gewagt!", rief er grollend, „und ich habe es ihm doch strengstens verboten! Natürlich will es wieder zu unserer hohen Frau Landgräfin! Aber heute Vormittag, wo so wichtiger Besuch erwartet wird, darf unsere Frau nun mal nicht belästigt werden."

„Was gibt's denn, Kleine?", fragte Jutta freundlich und legte den Arm tröstend um das zitternde Kind.

„Ach, Fräulein, meine Mutter ist wieder so furchtbar schwach und elend. Der Vater hat sich beim Holzhacken den Fuß gebrochen und kann nicht arbeiten. Und die Mutter und wir alle sind so hungrig. Das Mariechen hat die ganze Nacht geschrien. Unsere liebe, gute Herrin Elisabeth hat doch das letzte Mal gesagt: ‚Wenn es wieder so schlecht geht, sollt ihr mich gleich holen.' Und nun will dieser böse Mann es nicht und nicht erlauben!" Und das kleine Mädchen brach in bittere Tränen aus.

„Höre einmal, Kindchen", sagte Jutta und suchte die Schluchzende zu beruhigen, „darum brauchst du dir noch nicht die Augen aus dem Kopf zu weinen! Heute Vormittag, allerdings, kann unsere Landgräfin nicht gestört werden. Denn es kommen Edelherren von ihrem Vater, dem König von Ungarn, die muss sie geziemend empfangen. Aber nachmittags werde ich dich zu ihr führen, dann darfst du ihr alles erzählen. Und nun, Gerhard", sagte sie dem unwilligen Diener, „bringe sie in die Küche und gebe ihr dort tüchtig zu essen. Aber halte sie fest, sonst bläst der Wind sie fort, so kleine und leicht ist sie!"

Das kleine Mädchen lächelte und knickste, während ihm die letzten nassen Kügelchen noch über die Wangen rollten. Dann ging es mit Gerhard der ersehnten Küchentür entgegen.

„Wenn dies grässliche Hungersnot nur endlich aufhören könnte!", seufzte Jutta. „Zwei Jahre lang wütet sie schon und wenn unsere Landgräfin auch immerfort hilft und schenkt, so kann man das arme Volk doch kaum am Leben erhalten!"

„Ich habe gehört", meinte Bernhard, „dass die Landgräfin fast den ganzen Landesschatz und alle Vorräte verschenkt. Es geht bereits zu weit und alle sagen…"

„Alle sollen sich nur schön in Acht nehmen, was sie sagen!", unterbrach ihn Jutta aber scharf. „Die Zeiten sind vorbei, wo jedes sein Mütchen an unserem Königskind kühlen konnte. Der Landgraf hat erst neulich den murrenden Herren geantwortet: ‚Wenn sie mir nur die Wartburg übrig lässt, will ich ganz zufrieden sein!' Das hat mich richtig gefreut!"

„Freilich ist's wahr, Frau Elisabeth leistet fast Übermenschliches. Tag um Tag gehen wir den langen, steilen Weg nach Eisenach hinunter. Dort pflegt sie alle Elenden in dem Krankenhaus, das sie selbst erbaut hat und beschenkt groß und klein. Sie macht Frieden, verschafft Verdienst, spielt mit den Kindern, hilft allen. Die Leute sind wie toll, wenn sie erscheint. ‚Der Engel von Thüringen' heißt sie im ganzen Land."

„Alles opfert aber auch unsere Landgräfin dazu. Sogar ihre schönen, kostbaren Kleider hat sie verschenkt. Und den Schmuck und ihre eigene Krone. Darum ist sie auch sehr erschrocken, als es gestern hieß, die Gesandten des Ungarkönigs seien hier. Sie weiß nun selbst nicht, was sie als herzogliches Gewand heute tragen soll, sie schicklich zu empfangen. Doch es wird schon spät. Ich will schnell sehen, ob sie nicht etwas braucht. Leb wohl, Bernhard, heute Nachmittag musst du mir viel von deinem Dienst erzählen. Bis jetzt hab, fürchte ich, nur ich geschwätzt!"

„Lebwohl", rief der Junge und lachte. Dann stand er lange still und schaute ihr gedankenvoll nach.

In Elisabeths Schlafzimmer standen indessen die Landgräfin und ihr junger Gemahl ziemlich ratlos beisammen.

„Das Schlimme ist nur, dass dein Vater, der König, meinen muss, du würdest hier wie eine Magd gehalten, wenn seine Gesandten dich in solch ärmlichen Kleidern sehen! Er wird sich darüber grämen und erzürnen. Ach, meine liebste Schwester, du wirst künftighin deine Freigebigkeit doch ein wenig einschränken müssen! Selbst im Guten ist, was zu viel ist, doch zu viel!"

Elisabeth schaute ihren Mann erschrocken an. „Was sagst du da, liebster Bruder? Des Guten kann doch nie genug sein! Meinst du, wir könnten dem lieben Heiland im Übermaß schenken? Aber Ludwig!" Und Elisabeth lachte hell auf. „Ich werde ein bisschen beten. Vielleicht hilft der liebe Heiland. Wenn Er es eben will!"

Ludwig küsste liebevoll die innere Fläche ihrer Hand und ging. „Meine kleine Heilige!", dachte er voll stolzer Zärtlichkeit.

Gleich darauf kam aber sein Page hereingestürzt. „Herr Landgraf, die ungarischen Herren reiten eben ein! Der Kastellan hat bereits die Zugbrücke herabgelassen!"

„Ich komme!", antwortete Ludwig. Schnell warf er seinen roten Fürstenmantel um und eilte auf die große Treppe. Da stand er dann, die weitgereisten Gäste zu empfangen.

Krachend und knarrend öffnete sich das schwere Tor und die Herren ritten ein. Sie trugen bunte, leuchtende Gewänder. Weiße Federn wallten von der Helmspitze herab. Von oben bis unten waren Ritter und Rosse in funkelnde Harnische gekleidet.

Aus allen Fenstern der Wartburg lugten neugierige Augen. Ein bewunderndes Raunen und Rauschen ging durch alle Reihen beim Anblick dieser farbenfrohen Männer.

Mit großer Würde und Liebenswürdigkeit begrüßte der Landgraf seine Gäste. Sie gingen mit ihm die Stufen hinauf, sie überbrachten ihm die Grüße ihres Herrschers. „Wir sehnen uns darnach, unser erlauchtes Königskind zu schauen!", sagten sie.

„Die Landgräfin erwartet die Herren im Saal", antwortete Ludwig freundlich. Aber sein Herz krampfte sich heimlich zusammen. „So prächtig reiten diese Gesandten durchs Land", dachte er, „und sie, die zu finden sie kommen, wird wie eine Magd vor ihnen erscheinen!" Nun betraten sie die festliche Halle. Ludwig führte sie herein.

Da — er traute seinen Augen kaum: Elisabeth kam ihnen entgegen. Aber nicht so, wie er sie soeben in ihrem Gemach verlassen hatte! Nicht in dem glatten, rostbraunen, handgewebten Kleid! Eine Königin stand da, wie kein Maler sie jemals prächtiger erdachte!

Ihr Gewand war schneeweiß, von einem köstlichen Goldgürtel gefasst. Mattblau und silbern fiel ein schwerer Mantel darüber, dessen Saum um und um von schimmernden Perlen erstrahlte. Silberne Schuhe schmückten ihre Füße, ein wunderbares Gehänge trug sie um den Hals. Auf dem Kopf aber eine Krone, die leuchtete und sprühte wie Sonnenglast auf Meereswellen. Schöner als alles andere aber war das Gesicht der kleinen Fürstin.

Die ungarischen Herren hielten den Atem an. Sie konnten sich erst gar nicht bewegen, so geblendet standen sie vor diesem Märchenbild. Dann aber brachen sie in laute Jubelrufe aus und huldigten stürmisch diesem wunderbaren Königskind.

Nach dem Festmahl zogen die Frauen sich zurück und Ludwig führte lange Gespräche mit den Abgesandten seines königlichen Schwiegervaters. Er wollte durch sie reiche Kornvorräte für sein hungerndes Thüringer Land kaufen. Am Nachmittag ging es dann in lustiger Jagd durchs Land.

Bevor er ausritt eilte Ludwig aber noch einmal zu seiner lieben Frau. Die saß nun wieder im rostbraunen Kleid und webte ein Tuch für ein armes Mütterchen.

„Meine liebste Schwester, o es war zu wunderbar!", jubelte der junge Fürst und umarmte sie fast ehrfürchtig.

„Ja, siehst du, mein süßester Heiland bedeckt mich mit den Rosen und Perlen Seiner Liebe! O, er ist so gut, so gut!", antwortete sie glückselig. "Voller Angst und Herzklopfen ging ich über den Hof und auf einmal sah ich es! Was die Herren für Augen machten!" Und Elisabeth lachte in übersprudelnder Freude.

Dann erzählte ihr Ludwig, was er mit den Gesandten besprochen hatte und wie durch sie Brot ins hungrige Land kommen sollte. Elisabeth war ganz außer sich vor Glück. "Aber nur bis dahin, liebste Schwester, sei sparsam und schenke nicht mehr!", bat der Landgraf. "Unsere Vorräte sind wirklich fast ganz aufgezehrt, wie du ja selbst weißt!"

"Ach, Ludwig, ich will es wohl versuchen, aber ob ich es auch kann? Wenn die armen Leute halt so bitter Hunger haben!"

"Es ist ja nur für eine kleine Weile", tröstete sie Ludwig. Dann musste er mit seinen Gästen hinaus reiten.

Eine Stunde später brachte Jutta das blasse kleine Mädchen aus Eisenach herein!

Natürlich hatte Elisabeth auch dieses Mal nicht widerstehen können! Als das Kind ihr erzählte, wie schwach und bleich die Mutter sei und wie die kleinen Geschwister weinten, waren ihr selbst die dicken Tränen gekommen. "Nur dieses eine Mal noch", sagte sie, "dafür will ich sparen und heute kein Abendessen nehmen. Ich bin ohnehin gar nicht sehr hungrig." "Ich auch nicht", versicherte die gute Jutta.

So kam es, als die Dämmerung leise heraufstieg, dass eine kleine Gruppe den Weg nach Eisenach nahm. Elisabeth im braunroten Kleid, Jutta und das Bettlerkind, das sich an die Hand der Landgräfin klammerte. Elisabeth und Jutta hielten je einen Korb im Arm, in dem lag frisches, duftendes Brot. Wie schlichte Arbeiterfrauen, so gingen sie des Weges.

Sehr anders schien Elisabeth nun zu sein, als sie heute Morgen im schimmernden Silbergewand gewesen war! Schien es nur — wer genau hinschaute sah wohl, dass ihr Gesicht jetzt ebenso lieblich, ebenso strahlend war, wie früher unter der Wunderkrone. Aber so viele Menschen schauen niemals genau! Darum erblicken sie nur Kleider und solch äußerlichen Schmuck und sehen die wirkliche Schönheit nicht.

Das wusste auch Landgraf Ludwig. So ist es kein Wunder, dass er gar heftig erschrak, als er der kleinen Gruppe mitten am Berg begegnete. Er erschrak so sehr, dass ihm das Blut heiß in die Stirn schoss.

Denn nur wenige Schritte hinter ihm, nur durch die Wegbiegung und das Gebüsch gedeckt, kamen die ungarischen Gesandten! Ebenso wie er hatten sie es vorgezogen, nach dem langen Jagdritt ein wenig zu gehen. Sie sprachen eben sehr eingehend mit den thüringischen Rittern, dadurch waren sie etwas zurückgeblieben.

O, Ludwig war es gar nicht recht, dass die Fremden seine Elisabeth nun so sehen sollten! Und auch vor seinen

Herren schämte er sich. Denn er hatte ihnen gerade erst versprochen, die Landgräfin wolle für die nächste Zeit sparsam sein mit ihren Wohltaten. Es war wirklich zu ärgerlich!

Elisabeth fühlte, was Ludwig dachte und es wurde ihr ganz heiß und kalt vor Bestürzung. Ihrem lieben Mann verdrießlich zu sein, war ihr ganz furchtbar. Ängstlich drängte sich das Bettlerkind in die Falten ihres Kleides. Jutta trat errötend zurück.

„Aber Elisabeth", brach Ludwig schließlich mit ärgerlicher Stimme das drückende Schweigen. „Was trägst du denn da schon wieder?"

Elisabeth wollte etwas sagen, erklären, dass sie doch heute dem Heiland nichts verwehren konnte, wo er sie mit den Rosen und Perlen seiner Liebe verherrlicht hatte. Aber sie war zu verwirrt, die rechten Worte zu finden.

„Rosen", begann sie unzusammenhängend.

„Ach was, Rosen!", unterbrach Ludwig sie ungeduldig und zog mit raschem Griff am Tuch, das den Korb bedeckte. „Jetzt, mitten im Winter, Rosen!"

„Aber, nein…", wollte Elisabeth erklären — da fiel das Tuch zu Boden. Ein leiser Schrei entfuhr ihnen allen. Elisabeths Korb war über und über mit Rosen gefüllt! Rosen bedeckten ihn, Rosen rankten nach allen Seiten heraus, Rosen dufteten unaussprechlich süß und wunderbar! Rote, weiße, gelbe, blassrosa Rosen, Rosen und Rosen!

Da sank Ludwig erschauernd in die Knie. Er ergriff das

Gewand seiner heiligen Frau und küsste es. Jutta und das Kind falteten ehrfürchtig die Hände. Elisabeth aber blickte mit strahlend flammenden Augen auf das Wunder. Purpurrot war sie selbst, eine liebliche Rose Gottes!

Da hörte man die Stimmen der ungarischen Herren. Ludwig erhob sich langsam und blickte verwirrt um sich. Aber Elisabeth lächelte nur. Sie winkte Jutta und dem Kind. Alle drei traten seitwärts in den Wald und blieben dort ruhig stehen. Die fremden und die thüringischen Herren gingen vorüber. Niemand achtete auf die Frauen am Wegrand.

„Wird meine Mutter aber die Rosen essen können?", fragte das Eisenacher Kind, als sie wieder allein waren. Da musste Elisabeth lachen. „Heb mir das Tuch auf, Trudl, wir wollen euer Brot zudecken!" Und sie legte es sorglich auf die frischen, duftenden Brotlaibe.

Nur 24 kurze Jahre lang hat Sankt Elisabeth gelebt. Aber sie brachte es fertig, in dieser kurzen Zeit dem lieben Heiland überaus viel zu schenken! Nicht nur all ihr Hab und Gut, auch ihr Herzogtum, alle irdischen Reichtümer und Ehren. Auch, was ihr unendlich viel teurer war: Ihren Mann, der auf einem Kreuzzug starb, und ihre drei lieben Kinder!

Aber alles gab sie mit der gleichen großen Lieben, mit der sie einst die kleinen Opfer ihrer Kindheit und später all ihre Schätze und schönen Sachen dargebracht hatte.

Und darum hat der liebe Gott ihr alles viel tausend Mal zurückgeschenkt!

Noch heute gibt er ihr alles, worum sie ihn bittet. Und die heilige Elisabeth schenkt heute noch ebenso gern wie ehemals im Thüringer Land. Allen Menschen, besonders aber allen!

Sankt Antonius, der Wundertäter

Klitsch-klatsch saßen die Ohrfeigen auf Pierres Ohr. Sehr wohl gezielt waren sie, sehr schwungreich verliehen. Sie brannten wie Feuer. Pierre riss den breiten, geraden Mund zu jammervollem Wehgeschrei auf. Aber der Anblick der blitzartig emporschnellenden Männerhand, die weitere, vollwertige Schläge so überzeugend verhieß, war zu bedrohlich. Die Bubenlippen schnappten in hörbarem Schrecken wieder zusammen. Nur ein unterdrücktes Schluchzen wagte sich als Zeichen der Entrüstung hervor.

„Und das nächste Mal, du Schlingel, wenn du von der Arbeit wegläufst, einem Schwindelmönch zuliebe und mein armer Esel ohne Futter bleibt, setzt es noch ganz was anderes ab!"

So drohte Bonvilio, der finstere Mann. Er verließ den Stall. Krachend flog die Tür ins Schloss. Pierre, der kleine Eselhüter, aber verkroch sich ins Stroh und heulte laut auf vor Schmerz und vor Zorn.

Er war ein Findling, ein elternloses Kind. Aus Mitleid hatte eine arme Bäuerin ihn aufgenommen; bei ihr lebte er mit noch acht Wildfängen zusammen und war glücklich und zufrieden.

Als er aber neun Jahre zählte, kam ein angesehener

Kaufmann in jenes Dorf. Bonvilio war sein Name. Er versuchte Diener anzuwerben, unter anderen auch einen Eselhüter.

Die Bäuerin wollte ihren kleinen Schützling nicht dazu hergeben. Umso weniger, als der Fremde gar kein Katholik, vielmehr ein kirchenfeindlicher Irrgläubiger war. Albigenser nannte man die Sekte, der er angehörte und viele Leute, hier in Südfrankreich, bekannten sich zu ihr. Mit bitterem Hass verfolgten die meisten von diesen die katholische Kirche.

Aber ihr Mann, der Bauer, hörte nicht auf solche Einwände. Ihm fiel es ohnedies schwer, seine eigenen acht Sprösslinge zu ernähren. Immer schon hatte er dem kleinen Fremdling das tägliche Brot missgönnt. Nun, da so eine gute Gelegenheit kam, ihn loszuwerden, ließ er sich nicht erweichen.

Trotz allem Jammern und Weinen musste Pierre seine liebe Heimat verlassen und dem finster blickenden Kaufmann folgen. Seit jenem Tag lebte er in Bonvilios Stall und hatte dessen Maultier zu versorgen.

Die Arbeit war nicht eben schwer und Pierre und sein Eselchen waren bald gute Freunde. So lebte der Junge recht fröhlich dahin. Nur vor dem sehr gestrengen Herrn, der persönlich immerzu all seine Leute inspizierte, hatte er fürchterliche Angst.

Trotzdem konnte er manchen Streich nicht unterlassen. Zumal er gar so neugierig war!

So war er auch gestern Abend nach Toulouse hineingelaufen, um den fremden Wundermönch Antonius zu hören. Alle Leute sprachen ja von ihm. Der hatte auf dem freien Platz vor dem Rathaus gepredigt und Tausende und Abertausende waren gekommen, ihm zu lauschen. Wie sollte Pierre da fehlen?

Aber er hatte nichts als Pech. Er konnte nicht nahe genug herankommen, um auch nur ein einziges Wort zu verstehen. Auch war er so klein und die anderen Leute so groß. Es war unmöglich, über sie hinwegzusehen. Gern wäre er darum rechtzeitig wieder heim gelaufen. Schon um rechtzeitig zur Futterzeit des Esels zu kommen. Aber in dem furchtbaren Gedränge war er so hoffnungslos eingezwängt worden, dass er bleiben musste, bis sich die Menschenmasse verlief. Und inzwischen wurden die Stadttore verschlossen, und er konnte nicht mehr aus Toulouse heraus. Erst um 6 Uhr früh war er zitternd heim gehuscht. Hatte man vielleicht seine Abwesenheit nicht bemerkt? Natürlich erwischte ihn Bonvilio selbst und natürlich musste er bekennen. Und dann ……. Brrrrr!

„Ich geh' aber heut' Abend doch wieder hin!", knirschte der kleine Mann zornig. „Heute predigt der interessante Fremde außerhalb der Stadt, wo mich kein Tor einfangen kann. Dort stehen auch Bäume. Auf einen klettere ich hinauf und kann dann alles hören! Und ich füttere dich eben vorher, das geht schon gut!", versprach er noch seinem vierbeinigen Freund, indem er sein verweintes, brau-

nes Gesicht genau gegen das graue des Esels rieb. „J — a",
antwortete das gute Tier verständnisvoll.

Der Abend kam, Pierre hatte seinen Plan ausgeführt.
Der Esel war gefüttert, die Stalltür abgeschlossen. Sie ließ
sich nur von innen verriegeln. Wer konnte also bezweifeln, dass der Hütejunge dahinter schlief? Dass man ein
Brett in der Hinterwand des Stalles aufheben und wieder
unbemerkt zurückschieben konnte, dass die dadurch entstandene Luke groß genug zum Hinausschlüpfen war, das
wusste nämlich niemand als Pierre, der schlaue Bursche.
Hierdurch war ihm eine unbemerkte Heimkehr sicher.

Nun saß er auf einem Ast, ganz nahe bei der rasch erbauten Kanzel und freute sich wie ein Schneekönig. Er
hatte sein Ziel erreicht: Jedes Wort würde er hier verstehen und niemand konnte ihm etwas antun. Er aber würde, tief im Herzen triumphierend, seinen gestrengen Herrn
verlachen können! Herrlich!

Sankt Antonius kam und bestieg die Kanzel. Er war ein
junger Franziskanermönch, recht schmal und blass. Aber
mit wunderbar leuchtenden, liebevollen Augen.

Wie gebannt schaute Pierre zu ihm hin. Ganz seltsam
wurde ihm zumute. Stürmisch begann ihm das Herz in
der Brust zu pochen.

Die Predigt begann. O, welch eine Predigt! Nie im
Leben hatte Pierre etwas Ähnliches erlebt!

Wenn andere Leute über den lieben Gott und Heiliges
redeten — wie der liebe alte Pfarrer, Curé Monroi, in sei-

nem Dorf — nun, so konnte man eben über den lieben Gott und Heiliges dabei denken. Wenn man nicht vielleicht gerade zerstreut war! Aber hier, wenn dieser Bruder Antonius redete, da war es ganz anders! Da war es, als ob der liebe Gott und seine hochgebendeite Mutter dawären, selbst mit einem sprächen und jeder Zuhörer, auch Pierre, sie sehen und hören könnte!

Der kleine Junge faltete zitternd die Hände. Er fühlte die größte Sehnsucht, sich auf die Knie zu werfen. Auch allen anderen Anwesenden erging es ebenso. Sie alle fühlten, wie der Hochheilige in ihrer Mitte stand!

So achtete auch niemand auf das Wetter. Obwohl es furchtbar heiß und drückend war und sich während der Predigt schwärzlich-gelbe Wolken drohend zusammenballten. Bis ein Donnerschlag dröhnend niederkrachte und im gleichen Augenblick ein orkanartiger Sturm aufschrie. Da fuhren die Leute erschreckt zusammen. Bestürzt erwachten sie aus ihrer Versunkenheit. Von nah und von fern war die große Volksschar zusammengeströmt. Sollten nun nicht alle trachten, schnell nach Hause zu laufen, bevor das Unwetter sie erreichte? Eine allgemeine Panik drohte auszubrechen.

Da unterbrach der hl. Antonius seine Predigt. „Bleibt nur alle hier und seid guten Mutes!", rief er laut, „so wird kein Tropfen Regen auf euch fallen."

Erstaunt blickte jeder zur Kanzel auf. Kein Tropfen Regen bei diesem Gewitter? Sie waren hier draußen ja völlig ungedeckt! Aber Antonius war so sichtbar ein Mann Gottes, dass man nicht anders konnte, als ihm zu glauben.

So blieben sie alle stehen und lauschten weiter seiner Predigt. Und keiner wurde nass. Wohl raste und wütete ringsum ein unheimliches Unwetter. Regengüsse und Hagel durchwühlten die Erde. Aber auf den weiten Platz, an dem der Gottesmann predigte, fiel nicht ein einziger Tropfen!

„Welch Wunder, welch herrliches Wunder!", jubelten die Leute in ihrem Herzen. „O, groß ist die Gnade und Liebe des Allerhöchsten!"

Bis Satan das Preislied nicht länger anhören konnte! Dieser junge Mönch, der, selbst so voll Gottesliebe, zahllose Menschenseelen dem lieben Gott zurückbrachte, erweckte ohnedies schon den ganzen Zorn der Hölle. Nun war es zu viel! Jetzt aber gedachte der böse Feind ihm einen rechten Streich zu spielen.

Das Gewitter war verstrichen. Die Predigt näherte sich ihrem Ende. Im Herzen aller Zuhörer läutete die Gottesfreude wie helle Osterglocken.

Da drängte sich ein Bote durch die fromme Menge. Er berührte den Arm einer Dame und übergab ihr einen Brief. „Eilige Botschaft, Madame!", sagte er mit schmerzlichem Augenaufschlag.

Die Dame, eben noch in Gebet versunken, schaute ihn erschrocken an. Schnell riss sie das Papier auf, um schon im nächsten Augenblick in laute Jammerrufe auszubrechen. „Mein Sohn, o Gott im Himmel, mein einziger geliebter Sohn!", weinte sie bitterlich.

Denn in dem Brief stand zu lesen, dass ihr Söhnchen, in ihrer Abwesenheit nur von einer alten Magd bewacht, auf einen steilen Felsen geklettert und abgestürzt sei. Er war auf der Stelle tot liegen geblieben. O, wäre sie doch nicht hierher gekommen, hätte sie doch ihr Kindchen nicht verlassen! Die arme Frau war so außer sich, dass sie nicht anders konnte, als durch lautes Schluchzen und Klagen ihr Leid zu verraten. Bestürzt, erschüttert blickten alle sie an. Vorwurfsvolle Blicke richteten sich auf den Prediger, als hätte er dieses Unheil irgendwie verhindern müssen. Der Unglücksbote seufzte tief, voll rührender Anteilnahme.

Und abermals unterbrach Sankt Antonius seine Predigt. Auch er schaute mitleidig auf die schwer geprüfte Frau. Aus seinem Herzen quoll ein brennendes Gebet zu Gott, dem barmherzigsten Vater, empor.

Dann richtete er sich plötzlich sehr hoch auf. Wie ein Leuchten ging es über sein ernstes Antlitz. Drohend und finster zogen sich seine Brauen zusammen und ein flammender Blick fiel auf den Boten: „Hebe dich sogleich hinweg, Verruchter!", befahl er diesem mit donnernder Stimme.

Alle Zuhörer fuhren erschrocken zusammen. Alle schauten staunend auf den Mönch mit den glühenden Augen. Der aber wandte sich nun liebevoll an die arme

Frau, die, vor Schreck verstummt, ebenfalls zu ihm aufblickte.

„Beruhigt euch, liebe Frau", sagte der Pater ihr freundlich. „Bleibt hier ohne alle Furcht und Sorge. Euer Söhnchen befindet sich völlig unbeschadet. Es schläft in Sicherheit, von einem Engel bewacht. Alles war nur ein Trugbild der Hölle!" „Hinweg aber mit dir, Vater der Lüge", herrschte er noch einmal den betrügerischen Boten an. Da stieß dieser einen grässlichen Schrei aus und fuhr von dannen. Schwefeldunst und Qualm erfüllten die Luft, wo er gestanden hatte.

Darüber schauderte und zitterte die ganze Menschenmenge. Viele weinten vor Erschütterung. Sankt Antonius aber sprach frohlockend weiter und erinnerte sie alle daran, wie einzig nur die Sünde dem Teufel Macht über uns verleiht. „Wer im hellen, frohen Licht der Tugend und Gnade geht, der kann dem Erzfeind ordentlich auf der Nase herumtanzen!", so rief er froh.

Die Predigt war zu Ende, die Leute gingen. Sie stapften heimwärts durch die dampfende, nasse Erde. Alle schwiegen. Jedermann hatte zu viel für sich zu denken.

Nur Pierre saß noch immer regungslos auf seinem Ast. Die große Predigt und dazu die beiden Wunder hatten sein Herz bis auf den Grund durchwühlt. Neue Gedanken, neue Gefühle durchbrausten ihn. Ihn, in dessen Kopf bisher nur Spiel und Übermut herumgespukt hatten. Ihn, der ja nur aus Neugier hierher gekommen war. Und sein Gewissen brannte. War nicht schon seine Gegenwart hier oben Unrecht? Bedrückt schlüpfte er vom Baum. Unschlüssig stand er auf dem jetzt menschenleeren Platz.

Plötzlich fuhr er zusammen. Zwei Männer näherten sich der Kanzel, neben der er stand, zwei Franziskaner in langer Kutte. Der eine stieg auf diese hinauf und holte ein Buch, das dort oben lag. „Ihr hattet Recht, Bruder Antonio", rief er herunter, „das Buch ist wirklich hier!" Und er begann die Stufen des Lehrstuhles wieder herabzusteigen. „Danke, Bruder, danke sehr!", antwortete der zweite, der im Schatten geblieben war.

Und Pierre erzitterte, denn dieser zweite Mönch war kein anderer, als der große Antonius selbst. Ehe der Knabe sich recht besonnen hatte, stand er nun neben dem Heiligen. Sein Vertrauen zu dem Gottesmann, aber auch sein hämmerndes Gewissen trieben ihn da hin. „O Pater Antonio", sagte er schnell, „bitte, was muss man tun, wenn man bös war?"

Liebevoll neigte sich der Priester zu ihm und streichelte leicht seinen Schopf. Aber er lachte nicht. „Dann muss man bereuen, bekennen und es nicht wieder tun!", antwortete er sanft. Pierre seufzte tief. „O bekennen!", meinte er jammervoll.

„Ja, das muss man, lieber Freund!", wiederholte der Heilige ernst, „wenn man zum lieben Gott zurückkommen will. Ich weiß, dass es oft schwer ist, aber es geht nicht anders! Zum Lohn hat uns der liebe Gott dann noch einmal so lieb. Hier hast du ein Kreuz und nun sei tapfer!"

Und Antonius machte langsam ein Kreuzzeichen auf die Stirn des Jungen. „Ja!", antwortete der, nahm die Hand des Paters und küsste sie. Dann wandte er sich um und ging mit schnellen Schritten heim. Sankt Antonius schaute ihm liebevoll nach.

Pierre schlüpfte an jenem Abend nicht durch das lose Brett in seinen Stall. Sein Entschluss stand fest. „Sei tapfer", flüsterte er vor sich hin, „dafür hat dich der liebe Gott dann noch einmal so lieb!" Er wollte auch nichts auf den nächsten Tag verschieben.

Geradewegs ging er zum Haus, in dem Herr Bonvilio wohnte. Er bat dessen Diener, ihn zu seinem Herrn zu führen. Dieser wollte erst nicht, schließlich aber gab er dem Drängen nach.

Bonvilio saß in seinem Studierzimmer und schrieb. Sehr erstaunt blickte er auf, als sein Eselhüter um diese Stunde zu ihm kam. Finster und abweisend war sein Blick und dem armen Pierre rauschte das Blut in den Ohren. Aber er trat dennoch mutig vor. „Ich war wieder heimlich bei der Predigt des Bruder Antonius, Herr", sagte er schnell, „Verzeiht mir, bitte, ich will es nicht wieder tun!"

Verblüfft drehte sich der Kaufmann in seinem Sessel um und musterte den Jungen. Minutenlang brannten sich die schwarzen Augen in das Gesicht des Kleinen. „Lausbub!", sagte er dann nachdrücklich.

Aber die erwartete Tracht Prügel blieb aus. Bonvilio

war kein schlechter und auch kein dummer Mensch. Dass die Predigt des Antonius in diesem losen Schlingel solche Frucht getragen hatte, interessierte ihn. „Ich muss mir diesen Menschen ansehen", dachte er bei sich. „Geh schlafen, Pierre", sagte er laut, „und wenn dieser Mann das nächste Mal redet, kannst du ihn anhören gehen. Gute Nacht!"

Sprachlos, vor Erstaunen ganz benommen, stolperte der Junge die Stiege hinab.

Bonvilio sprach mit Antonius. Nicht einmal, sondern viele Male. Er ging in die Predigten des großen Mannes. Das alles interessierte ihn auch sehr. Aber er vermochte der Lehre nicht zu glauben.

Er war ja kein Katholik, sondern Albigenser. Dieses und jenes an der katholischen Lehre schien ihm allerdings jetzt begreiflich, da Antonius es ihm erklärte. Mancher Irrtum seiner eigenen Religion leuchtete ihm auch ein. Aber an das Allerheiligste Altarsakrament vermochte er nie und nimmermehr zu glauben.

„Es ist undenkbar, es ist völlig ausgeschlossen! Ein Gott kann sich unmöglich so erniedrigen. Und ist die Liebe des Höchsten auch unendlich — dieses Mysterium müsste selbst die Grenzen einer Gottesliebe überschreiten. Ich kann es euch nicht glauben!"

So sagte er zum Prediger. Mitternacht war lange vorbei. Seit mehreren Stunden hatte der Heilige alles versucht, um die Geheimnisse des Liebessakramentes zu erläutern. Nun stand er müde auf. Er wusste dem Verirrten nichts Weiteres zu sagen. Freilich ist das Wunder der Eucharistie dem Menschen unerdenkbar — aber die Ewige Liebe hat es eben selbst erdacht. An diese wandte sich nun der Priester und flehte um ein Gnadenwunder für diese arme Seele.

Auch Bonvilio erhob sich. Er lachte traurig. „Ich danke euch, Pater, doch Ihr bemüht euch vergeblich", sagte er. „Ein solches Geheimnis müsste mir erst wunderbar bewiesen werden. Keine Menschenlogik kann das glaubhaft machen. Wenn nicht die unvernünftige Natur selbst, mein störrischer Esel etwa, sich vor der Hostie neigt, in der ihr solches glaubt, kann nichts mich überzeugen. Darauf wollen wir es denn doch nicht ankommen lassen! Ich danke euch jedoch vielmals, guter Bruder Antonio!" Und er wandte sich zum Gehen.

Antonius antwortete ihm nicht. Seine Augen waren auf das Kruzifix gerichtet. Er betete, wie ein Mensch betet, der den lieben Gott wirklich liebt.

Da kam auf einmal wieder das Leuchten in seine Züge, das ihn umstrahlt hatte, als er den höllischen Boten erkannte. „Wartet!", rief er dem Davoneilenden gebieterisch nach. Erstaunt wandte dieser sich um.

„Ihr habt Gottes Zeugnis verlangt!", kündete der Mönch und Bonvilio blickte verblüfft auf diesen Mann, der bisher so schlicht und demütig mit ihm gesprochen hatte und nun wie ein drohender Richter vor ihm stand. „Gott der Allbarmherzige hat eure verwegene Forderung gehört und angenommen. Angenommen, zu eurer und vieler Heil! Drei Tage lang sollt ihr nun euer Tier nicht füttern. Am Sonntag aber, zur Zeit des Hochamtes, findet euch mit ihm vor der Kathedralentür ein. Mit dem Himmelsbrot werde ich euch entgegentreten und die unvernünftige Natur selbst soll anbetend bezeugen, was du, betörter Mensch, nicht erkennen können willst."

Bonvilio ging, zu ergriffen, um auch nur ein Wort hervorzubringen. Sankt Antonius aber eilte in die Kirche und blieb die ganze Nacht dort vor dem Tabernakel knien. „O Jesus, mein Herr und mein Gott, wie liebe ich dich!", jauchzte er Stunde um Stunde.

Der Sonntag kam. Die Stunde des Hochamtes hatte geschlagen. Von allen Seiten eilten die Gläubigen zum Dom. So groß das Gotteshaus auch war — heute stand zu befürchten, dass es die Zahl der Frommen nicht würde fassen können. So ununterbrochen strömten die Menschen herbei. Denn Sankt Antonius sollte die Predigt während des Amtes halten. Und auch, so flüsterten und raunten viele, auch sollte ein Zeichen, ein Wunder heute geschehen. Wer diese Nachricht eigentlich verbreitet hatte, wusste keiner recht zu sagen. Aber ein heimliches Erwarten erfüllte alle.

Der Bischof selbst kam mit seinen Domherren, den

fremden Prediger zu hören. Herrlich leuchteten alle die schönen violetten Gewänder. In dem Bischofskreuz aber schien sich ein ganzes Bündel Sonnenstrahlen verfangen zu haben, so glänzte und gleißte das! Der hohe Stadtmagistrat schritt daher, pelzverbrämt und mit breiten, schweren Goldgürteln geschmückt. Und die Edeldamen und reichen Bürgersfrauen waren so bunt wie ein Tulpenbeet anzuschauen.

Aber noch viel mehr kleine Leute fanden sich ein: Handwerker und Bauern. Und Kinder, natürlich! Wo nur immer sich eines hineindrängen konnte, rutschten und schoben und schlüpften Kinder zwischen all den feinen Leuten hindurch. Zufrieden, froh und lobend sangen die alten, stolzen Glocken.

Da kam Bonvilio an die Kirchenpforte. Blass war der strenge Mann. Finsterer noch als sonst hatte er die dichten Brauen zusammengezogen. Schon lange hatte er das unbedachte Wort bereut, das Bruder Antonius so schnell aufgegriffen hatte. In tiefster Seele war es dem stolzen Mann zuwider, hier ein Schauspiel der Menge zu werden. Auch wusste er ja ganz genau, dass bei dieser seltsamen Probe nichts herauskommen konnte. Was sollte das dumme Maultier bei einem theologischen Streit? Aber auch Antonius konnte nichts als Schmach dabei erleiden — und wenn der Kaufmann ihm auch wegen der ganzen Sache grollte, so sah er ihn doch auch nicht gern öffentlich beschämt. Die tiefe, demütige Güte des Mönches hatte ihm gefallen. Am liebsten wäre Bonvilio selbst jetzt noch umgekehrt.

Und dennoch konnte er sich zu dieser Lösung nicht entschließen. Gegen seinen Willen musste er dem Wort des Predigers gehorchen. Der hatte ihn zu dieser Stunde hierher bestellt. Da war er denn, mitsamt dem ausgehungerten Tier.

Pierre führte es am Halfter. Das arme Eselchen war in seiner bockigsten Laune. Drei Tage lang hatte es kein Körnchen Futter bekommen. Umsonst war alles Schreien, alles Wetzen am Strick, alles Ausschlagen gewesen! Grausam hatte sein Hüter das arme Tier fasten lassen. Freilich waren dem Jungen manchmal die Tränen gekommen, er konnte den Anblick seines klagenden Freundes kaum ertragen. Aber Bonvilios Gebot war zu streng, Pierre musste gehorchen.

Nun führte er das Tier schmeichelnd und streichelnd durch die Stadt. Aber Grauohr achtete wenig seiner guten Worte. Es war sehr schwer, es bis zum Domplatz zu schleifen.

Hier standen sie nun. Die Orgel setzte eben majestätisch ein. Jetzt war der Augenblick gekommen. Ein Kreis von Gaffern hatte sich um den Esel geschart. Viele schimpften, man solle das lärmende Tier von der Kirche entfernen. Bonvilio aber würdigte niemanden eines Wortes.

Da erschien Antonius im Dom. Er verließ, von einem

Mitbruder begleitet, die Sakristei. Schon umhüllten ihn die heiligen Gewänder. Aber — alles staunte — er ging nicht zum Altar. Das Allerheiligste in Händen, schritt er vielmehr durch den Chor, das ganze Kirchenschiff hinunter zum Portal. Dort, an den Stufen, machte er Halt.

Der Mönch an seiner Seite aber hatte eine Schüssel voll Hafer im Arm. Mit dieser trat er nun an den Esel heran. Der reckte gleich gierig den mageren Hals nach ihm. Ja, ungeduldig riss er sich vom Hüterbuben los und lief in gestrecktem Lauf zum Mönch, der das Futter trug. Bonvilio hielt den Atem an.

Nun aber erhob Bruder Antonius die Monstranz, in der das Höchste Gut ruhte.

„O du unvernünftiges Geschöpf Gottes, huldige deinem Herrn, dass deine vernunftbegabten Brüder von dir lernen mögen!"

So rief er laut. Sogleich stockte das Tier in seinem Lauf. Es schaute zur Hostie auf. Ein Zittern ging durch seinen ganzen Körper. Und siehe da: Der Esel beugte die Vorderbeine, er warf sich auf die Knie, bis sein Kopf am Boden lag. So blieb er unbeweglich liegen.

Da brach lautes Rufen und Preisen unter all dem Volk aus. Bonvilio aber eilte zitternd vor. Er fiel vor dem Lebensbrot nieder und rief laut: „O Herr, ich glaube, hilf meinem Unglauben!" Sankt Antonius aber machte langsam das Zeichen des Kreuzes mit der heiligen Monstranz über sein geneigtes Haupt.

Bonvilio wurde ein eifriger Katholik und verlor seine harte Strenge, Pierre ist noch lange sein Eselhüter geblieben. Aber der Junge konnte die Gestalt des heiligen Predigers nicht vergessen, trotzdem er ihn nie wieder zu sehen bekam. Mit 18 Jahren klopfte er selbst an der Pforte eines Franziskanerklosters an und bat, man möge ihn als Laienbruder aufnehmen. Und als solcher hat er ein stilles, gutes, sehr glückliches Leben verbracht. Die alte Bäuerin, seine Ziehmutter, hat ihn dort oft besucht. Er machte ihr am meisten Freude von allen ihren Kindern.

Sankt Antonius aber ist weitergezogen von Stadt zu Stadt. Durch Frankreich und durch ganz Italien. So mächtig waren seine Predigten, so zahllos waren die Bekehrungen, die sie herbeiführten, dass er der „Hammer der Irrgläubigen" genannt wurde. Und Wunder wirkte er ohne Zahl. Viele große, dicke Bücher sind geschrieben worden über sein Leben und all die wunderbaren Dinge, die er tat.

So zahlreich waren seine Wunder, so viele Leute kamen wegen ihrer bei Tag und Nacht hilfesuchend zu ihm, dass der Friede seines Klösterchens dadurch gefährdet schien.

Die fromme Überlieferung erzählt, dass ihm sein Vorgesetzter deshalb einst gebot, keine weiteren Wunder zu wirken, ohne vorher um Erlaubnis gefragt zu haben. Wenige Tage darauf ging nun Antonius durch die Stadt. Er kam an einem Haus vorbei, auf dessen Dach Arbeiter etwas ausbesserten. Da glitt einer dieser Männer aus und stürzte von der schwindelnden Höhe herab. Sankt Antonius wollte ihn schnell retten, aber des Oberen Gebot hinderte ihn am Wunderwirken. Wie alle Heiligen war auch er vor allem ein Mann treuesten Gehorsams.

Darum rief er schnell: „Warte, Freund, stürze nicht, aber ich muss erst um Erlaubnis bitten, dich zu retten!" Eilends lief er zu seinem Oberen und holte sich die Bewilligung. Jetzt erst konnte er sein Wunder vollenden. Er half dem Mann, wieder unbeschadet seinen Dachstuhl zu erreichen. Inzwischen aber hatte der Unglückliche, frei in der Luft hängend, auf ihn warten müssen!

Diese Begebenheit, die so gut den kindlich gehorsamen Sinn des großen Predigers zeigt, prangt jetzt, in Marmor gemeißelt, über seinem Grab in Padua.

In keiner Stadt war er so oft und auch so gern, in keiner wurde er so innig verehrt, wie eben in Padua. Ungezählte Wunder hat er hier gewirkt, zahllose Sünder bekehrt, Tyrannen gezähmt, Kriege verhütet. Und all das in so kurzer Zeit! Denn nur sechs Jahre lang, vom 26. bis zum 32. Lebensjahr predigte Antonius, dann holte der liebe Gott ihn schon in seinen Himmel.

Bis zu seinem 26. Jahr war er völlig unbekannt geblieben. Ein kleiner, frommer Mönch, den niemand recht beachtete. Ja, wegen seiner großen Bescheidenheit hielt ihn mancher gar für einfältig! Aber in seinem Herzen war die Liebe zum göttlichen Heiland immerfort gewachsen. Sie hatte schon den Knaben aus einem reichen, schönen Vaterhaus in Portugal in den ärmsten Orden gedrängt. Sie führte den Mann nun von Tugend zu Tugend. Erst als er so im Stillen ganz heilig geworden war, rief ihn der Heiland, seinen Namen vor den Menschen zu verkünden. Und das kam so:

Bei einer festlichen Gelegenheit sollte ein Franziskaner vor dem Bischof predigen. Der Redner wurde in letzter Stunde krank. Und keiner war da, der ihn vertreten konnte, als nur der junge, unbekannte Antonius. Zögernd wurde ihm diese Aufgabe übergeben — nach jener ersten Predigt aber wusste sein Vorgesetzter, wusste der ganze bischöfliche Hof, dass hier einer der größten Gottesgelehrten und Prediger aller Zeiten lebte. Von dem Tag an war das Leben dieses Mönches nichts als eine beständige Missionsarbeit. Bis nach sechs Jahren sein himmlischer Herr ihn aus Padua ganz zu sich berief.

So groß aber war die Liebe des Heiligen zu seinem Erlöser, besonders zum Kind Jesus, dass es fast scheint, als hätte dieses selbst nicht auf die Todesstunde seines getreuen Dieners warten können! Das Himmelskind kam, wie wir wissen, auch früher schon zu ihm.

In Padua war es. Sankt Antonius wohnte damals bei einem Grafen namens Tiso, da noch kein Kloster in der Stadt erbaut worden war. Tiso, der durch die Predigten des Heiligen ein frommer Mensch geworden war, freute sich von Herzen, diesen Gottesmann unter seinem Dach zu haben.

Mitternacht war schon vorbei und alles schlief. Nur

Tiso konnte sich nicht legen. Er fühlte sich so seltsam froh. So wanderte er durch sein stockfinsteres Haus. Er kam zum langen, dunklen Gang, an dessen Ende das Zimmer des verehrten Gastes lag. Verwundert blieb er stehen. Von woher nur kam dieses helle Licht, das mit einem Mal so aufleuchtete? Staunend ging Graf Tiso den Gang hinunter. Bis er sah, dass die Helle unter Bruder Antonius' Tür heraus strahlte. Das schien ihm sonderbar, so starke Lampen gab es im ganzen Haus nicht! Neugierig spähte der Hausherr durchs Schlüsselloch und sah …

Ja, wer hätte das nicht gern gesehen, was Graf Tiso damals schaute: das Jesuskind in den Armen des heiligen Antonius! Zärtlich hielt es die Händchen um den Hals des Priesters geschlungen. Es lehnte sich vertrauensvoll an seine Brust und flüsterte ihm Himmelsworte ins Ohr. Und Antonius strahlte wie die Seligen im Himmel.

Doch mit einem Mal wandte sich das Göttliche Kind. Es zeigte auf die Tür, an welcher der Lauscher stand und legte lächelnd einen Finger an die Lippen. Da fiel Graf Tiso auf die Knie, betete an und schlich von dannen. Das Licht aber strahlte weiter unter der Tür seines Gastes hervor.

Am nächsten Morgen musste Graf Tiso dem Priester versprechen, von dieser Vision zu schweigen, so lange er, Antonius, lebte. Graf Tiso hat sein Wort gehalten.

Nun ist Sankt Antonius tot. Seit mehr als 700 Jahren birgt ihn das herrliche Grab aus grünem Marmor, das in der großen Franziskanerkirche zu Padua steht. Jahrein, jahraus brennen silberne Lampen und zahllose Kerzen vor ihm. Tag um Tag kommen Pilger aus aller Herren Länder. Sie legen Hand und Kopf an seinen Grabstein und flüstern ihre Anliegen dem großen Gottesfreund zu.

Und Wunder um Wunder wirkt der heilige Mann noch heute. Wunder ohne Zahl! In kleinen Anliegen hilft er und findet uns unsere verlorenen Sachen. In schweren Nöten und Ängsten legt er Fürbitte ein. Und wenn es um das größte geht: um unserer armen Seele Seligkeit, dann hilft er uns am allermeisten und am allerliebsten, dieser gute, heilige Mann Antonius.

Bernadette Soubirous, das Marienkind

Klapp, klapp, klapp dröhnte es durch die kleine, enge Gasse des Gebirgsstädtchens Lourdes. Klapp, klapp und, zwischendurch, wohl auch klatsch, klatsch, quatsch. Denn es war Februar, ein kalter, nasser Februar noch dazu und breite Holzschuhe können voll und herrlich in Pfützen und Schlammstellen platschen, dass es weit und breit aufspritzt. Klapp, klapp, klatsch.

Drei kleine Mädchen waren es, die so laut ihren Weg durch den Ort nahmen. Die großen Schuhe waren aber nicht das einzige an ihnen, das da lärmte. Drei kleine Zungen plapperten und klapperten im Gegenteil noch viel eifriger daher. Denn das ist bei Kindern auf der ganzen, weiten Welt so üblich und in Südfrankreich — dort liegt Lourdes nämlich — soll da ganz besonders beliebt und gebräuchlich sein. So wenigstens habe ich es mir sagen lassen.

Zwei dieser kleinen Schwätzerinnen waren Schwestern: Bernadette und Marie-Toinette Soubirous. Die dritte hieß Jeanette und war eine Nachbarin der beiden anderen. Bernadette, die älteste, hatte das Respekt einflößende Alter von 14 Jahren fast erreicht. Marie-Toinette und Jeanette mussten sich mit je 11 kurzen Lebensjahren noch begnügen. Alle drei waren weder groß noch dick, denn ärmere Kinder konnte man wohl weit und breit nicht finden. Aber fröhlich und brav waren sie, besonders die Soubirous, und das ist schließlich die Hauptsache.

Es wäre unrichtig, behaupten zu wollen, das kleine Kleeblatt wäre nur zum Vergnügen in den kalten Wintertag hinausgezogen. Viel eher könnte man sagen, dass es seinem Beruf nachging. Und der bestand in Lumpensammeln. Klaubholz für den Ofen, verkaufbare Knochen und Stoffreste, die, nach der mehr leichtlebigen Art des Südens von reicheren Mitmenschen achtlos fortgeworfen wurden: Das war ihre Beute. Danach waren sie ausgezogen, danach fahndeten sie, heute wie schon recht oft.

Bernadette war ein kränkliches Kind. Ein böses Leiden, Asthma genannt, brachte sie oft nahe ans Ersticken. Für sie war es besonders hart, dass ihre Eltern so jammervoll arm waren. Die ganze, vielköpfige Familie wohnte in einem wahren Loch, in das die liebe Sonne nie hineinlachen konnte. Zwei Betten, zwei Stühle, eine Kiste und etwas rotes Geschirr, das war alles, was sie ihr Eigen nannten. So elend waren sie, dass die kleinen Soubirous manchmal das abgetropfte Wachs der Kirchenkerzen abzupften, um nur den bösen Hunger damit zu stillen!

Dabei blieben sie aber fröhlich und guter Dinge. Tagsüber arbeitete oder klaubte ein jedes, wie es eben konnte. Am Abend aber saßen sie alle zusammen, lachend und schwatzend.

Und fromm waren sie auch. Kein Morgen und kein Abend vergingen, an dem sie nicht gemeinschaftlich gebetet hätten. Eine Anrufung war ihnen von jeher besonders lieb: „O Maria, ohne Makel der Erbsünde empfangen, bitte für uns, die wir unsere Zuflucht zu dir nehmen!"

Bernadette war ein sehr sanftes Mädchen. Zuweilen nahm eine reiche Bäuerin, ihre Patin, sie zu sich und ließ sie ihre Schafe hüten, hoch oben, auf den Triften der Pyrenäenberge. Dort war das Kind sehr glücklich und vergnügt. Sie liebte alle ihre Tiere sehr, die kleinsten am allermeisten. „Ich liebe alle kleinen Dinge so schrecklich!", hat sie ihrem Vater einst versichert.

Das Rosenkranzgebet liebte sie aber auch sehr. Wenn sie tagsüber so allein auf der Alm saß, betete und sang sie einen Rosenkranz nach dem anderen. Sie wurde dabei ein rechtes Marienkind. Ja, es geschah, dass ein fremder Geistlicher, der des Weges kam, verwundert ausrief: „So müssen die Kinder gewesen sein, von denen es in alten Büchern heißt, die allerseligste Jungfrau sei ihnen erschienen! So stelle ich mir ein wahres Marienkind vor!"

Lernen, freilich, das fiel dem kleinen Mädchen über alle Maßen schwer. In der winzigen Schule, in die die Patin sie sandte, gab es fast immer Tränen! Nicht die einfachsten Lehren wollten in den schwarzlockigen Kopf hinein! Aber ihre Lehrer konnten sich doch nicht ärgern. „Nie sah man ein trotziges Gesicht, nie bekam man eine ungezogene Antwort, wenn man sie schalt. Man musste sie liebhaben, die arme Kleine!" So erzählten sie sich.

Eines war aber schließlich doch gelungen: Wenigstens die wichtigsten Wahrheiten des Katechismus waren gelernt. Jetzt wollte Bernadette auch nicht mehr auf dem einsamen Hof und bei ihren geliebten Schafen bleiben, so gut sie es auch dort hatte. Sie wollte nach Lourdes zurück, nach Hause, zu den Eltern, um dort ihre erste heilige Kommunion zu empfangen. Man konnte sie nicht daran hindern. Begrüßt vom Freudengeschrei der kleinen Geschwister zog sie daher wieder in das feuchte Gelass ein, das ihre Heimat war.

Klapp, klapp, klatsch, noch immer wandern die drei Holzsammlerinnen ihres Weges und es wird Zeit, dass wir sehen, wohin sie geraten! Lourdes haben sie hinter sich gelassen, es geht nun den Gavefluss entlang.

Jetzt gerade kommen sie an einem großen, dunklen Felsen vorbei, dem Felsen von Massabielle, in dem eine zweiteilige Höhle ist. Ein wilder Rosenbusch umrankt deren obere Hälfte, gelbe und lila Blumen lachen im Sommer aus den Felsenritzen heraus. Jetzt aber ist alles grau und tot.

Um diesen Felsen fließt ein schmaler Fluss. Sein grünes Wasser quirlt und tanzt, und betrübt machten unsere drei kleinen Freundinnen vor ihm Halt. Ans andere Ufer müssen sie, bis zur nächsten Brücke ist es noch weit und zum Durchwaten ist das Wasser jetzt, im Februar, bitter kalt!

Die kleine Jeanette lässt sich jedoch nicht lange schrecken. Mit kühnem Schwung schleudert sie ihre Holzschuhe über den Bach und watet frisch hinüber. Marie-Toinette will sich von der Freundin nicht beschämen lassen. Hu, es ist eisig, aber sie planscht sich doch durch das Wasser durch! Doch die kleinen Füße brennen jetzt ordentlich vor Kälte. „Das Wasser ist fürchterlich", rufen sie zurück und kauern sich wimmernd auf den Boden, um die Füße in den langen Röcken etwas zu erwärmen.

Bernadette, das kränkliche Kind, steht zögernd am anderen Ufer! „Ich trage dich herüber", schlägt die kleine Schwester großmütig vor. Die Ältere muss darüber lachen. „Da lägen wir wohl beide im Wasser", meinte sie sehr richtig. „Wenn du kommen willst, komm, wenn nicht, bleib, wo du bist", ruft da die schroffe Jeanette; sie springt auf, nimmt die unwillige Freundin fest an der Hand und läuft mit ihr zum nahen Wald.

Bernadette seufzt. Es ist nicht ihre Art, sich über die anderen zu ärgern. Ergeben bückt sie sich, um nun auch ihre Schuhe auszuziehen. Da hört sie einen plötzlich brausenden Sturm. Sehr erstaunt blickt sie auf — alle Zweige hängen regungslos an den Ästen und in der Luft ist ein solches Tosen und Klingen? Ihr erschrockener Blick fällt auf den großen Felsen, auf die Höhle, um die der Rosenbusch rankt.

Da schneidet ein scharfer Schreck durch das Herz des Kindes. Es erschrickt so sehr, dass es kein Glied rühren, ja nicht einmal das Kreuzzeichen machen kann. Und doch, erzählte es später, „war es ganz anders als eine gewöhnliche Angst. Sonst will man doch weglaufen, wenn man sich fürchtet, aber da wollte ich nur bleiben und schauen und schauen." Und was sah Bernadette in der Höhle von Massabielle? O, etwas wunderbar Schönes!

„Ein junges Mädchen, nicht viel größer als ich es bin, in einem weißen Kleid und Schleier, stand in der oberen Grotte. Gelbe Rosen blühten um seine Füße, ein Rosenkranz war in seiner Hand, ein blauer Gürtel hing an seiner Seite. Und rund um es herum war Licht. Es grüßte mich und nickte und lächelte mir mit sehr großer Liebe zu. Ich hatte so sehr Angst, da winkte es mir lieb, ich solle näher kommen, und ich tat es. Dann fiel es mir ein zu beten: Ich habe meinen Rosenkranz in die Hand genommen und mich hingekniet und ihn gebetet. Und das Mädchen betete auch seinen Rosenkranz mit mir."

So hat Bernadette es erzählt.

Das war der 11. Februar 1858, jener gnadenvolle, wunderbare Tag, an dem Unsere Liebe Frau von Lourdes sich zum ersten Mal gezeigt hat. Das kleine Hirtenmädchen hat Maria sich ausgesucht, das Kind, das durchaus nicht lernen konnte, aber immer so fromm und lieb war. Das sollte die Botschaft der Gnade hören, die für die ganze Welt bestimmt war!

Fast zwei Stunden waren vergangen, seitdem der kalte

Bach die Kinder getrennt hatte. Nun kamen Jeanette und Marie-Toinette, ihr Holz auf dem Rücken, aus dem Wald zurück. Sie fanden Bernadette auf den Knien liegend. Mit entzücktem Blick sah sie noch zur Grotte hin, in der sie so Wunderbares geschaut hatte.

Jeanette war recht böse. Sie schimpfte mit der ungetreuen Holzsammlerin. Marie-Toinette aber hatte hellere Augen. Sie merkte es gleich, dass hier etwas Besonderes geschehen war. Wie im Traum stand Bernadette da, sie schwieg von ihrem herrlichen Geheimnis.

Als aber die Schwestern allein waren, bettelte und drängte die kleinere so lange, bis die große ihr alles anvertraute. Und am Abend erfuhren es auch Vater und Mutter.

Mutter Louise erschrak, sie wusste nicht, was sie davon denken sollte. Vater Francois aber war böse, er meinte, das Kind habe die Geschichte erfunden. Mehrere Tage lang verbot er ihm, zur Grotte zu gehen und das folgsame Mädchen gehorchte ihm aufs Wort. Schließlich erlaubte er es aber doch und kaum hatte Bernadette den Fuß des Felsens erreicht, da war auch die „Dame in Weiß" wieder da und betete den Rosenkranz mit dem Kind.

Wieder und wieder ging nun das Mädchen zur Grotte, bald folgten große Menschenscharen dorthin. Sehr steil und schlüpfrig war der Weg über den großen Felsen, aber Bernadette, die sonst so zaghaft war, flog ihn herunter „wie eine Schwalbe", „wie der Blitz", „wie der Wind" erzählten die, die es gesehen haben.

Kaum kniete sie vor der Grotte, da erschien die Himmelsgestalt auch, wieder und immer wieder, im Ganzen 16 Mal. Niemand der Umstehenden konnte sie sehen, aber kaum war der himmlische Besuch da, so kam solcher Glanz und solches Leuchten über Bernadettes Gesicht, dass selbst harten Männern die Tränen kamen. In diesen Stunden sah und fühlte die Seherin nichts mehr, was um sie vorging. Mochten die Tausenden um sie herum beten und weinen, mochten sie sich die Finger an ihrer Kerze verbrennen, was einmal geschah — sie wusste nichts davon. Mir scheint, wir können es auch wohl verstehen, dass eine Seele, die eben Maria sieht, so energisch aller Welt den Rücken zukehrt, dass sie für diese blind und taub zu werden scheint.

„O, sie ist so schöne", erzählte sie, „wenn man sie einmal gesehen hat, kann einem nichts auf dieser Erde mehr gefallen!"

Maria schickte das Kind zum Pfarrer mit dem Auftrag, er solle eine Kirche auf den Felsen bauen und große Prozessionen zu ihm hinführen. Aber noch wusste Bernadette nicht zu sagen, wer die wunderbare „Dame in Weiß" denn sei. Als sie daher dem Priester schüchtern ihre Botschaft brachte, gebot er, die Erscheinung nach deren Namen zu fragen.

Beim nächsten Himmelsbesuch — am Fest Mariä Verkündigung war es — fragte das Kind daher, wenn auch zögernd, so doch gehorsam: „Madame, ich bitte Sie, sagen

Sie mir, wer Sie sind!" Erst lächelte die heilige Jungfrau nur, dreimal wiederholte Bernadette ihre Bitte. Dann kreuzte die Himmlische die Hände über ihrem Herzen, blickte empor und sprach die wunderbaren Gnadenworte: „Ich bin die Unbefleckte Empfängnis!" Da kannte die Wonne des Hirtenmädchens keine Grenzen mehr. Denn nun wusste es, dass diese „Dame in Weiß" seine Himmelsmutter war, sie, die es ja all sein Lebtag hindurch so inniglich verehrt hatte.

Einige Tage später gebot ihm Maria „Wasser aus der Quelle" zu trinken. Noch war die Grotte ganz trocken, aber als Bernadette gehorsam in die Erde griff, dort, wohin die Geheimnisvolle wies, quoll der Wunderstrom von Lourdes hervor.

Einige Wochen lang dauerten die herrlichen Erscheinungen. Dann sagte Maria ihrem Kind Lebewohl. Bernadette hat von da an ihre himmlische Mutter auf Erden nicht mehr gesehen.

Nun beginn die eigentliche Geschichte von Lourdes, des größten aller katholischen Wallfahrtsorte. Bis auf den heutigen Tag wirkt Gott dort Wunder über Wunder und soweit unsere Kirche reicht, soweit erklingen dankbar Lob und Preis Unserer Lieben Frau von Lourdes. Heute stehen nicht eine, sondern drei prachtvolle Kirchen auf dem Felsen von Massabielle und nach Hunderttausenden zählen die Pilger, die hier Maria, das „Heil der Kranken", alljährlich verehren.

Was tat inzwischen das Kind, das die Vermittlerin solcher Gnaden geworden war? Ein ganz bescheidenes, liebes Mädchen war Bernadette Soubirous, bevor die Offenbarung sie zur Heiligen fürs ganze Land gemacht hatte. Ebenso blieb sie auch bis zum Ende ihrer Tage. Aber ihr Lebensweg wurde nun schwer. Keinen Tag, keine Stunde ließen die Neugier, das Staunen der Mitmenschen sie in Ruhe. Und sie wollte doch so gern verborgen bleiben!

„Was tun sie mit einem Besen?", fragte sie einst eine Frau, die nicht aufhören wollte, sie zu bestaunen. „Ich kehre mit ihm!" „Und dann?" „Dann stelle ich ihn halt in seine Ecke zurück!" „Nun ja, ebenso hat es die liebe Mutter Gottes mit mir getan! Sie hat mich benutzt und dann in meine Ecke zurückgestellt. Da bin ich auch sehr glücklich lasst mich doch darinnen!"

Aber die Besucher gönnten dem „kleine Besen" keine Ruhe. Bald zog darum die ganze Familie von Lourdes fort. Der Vater fand Arbeit in einer einsamen Mühle. Doch auch hierhin kamen die Neugierigen.

Bernadette musste das Elternhaus und die lieben, wilden, kleinen Geschwister schließlich ganz verlassen. In einem Kloster versteckte sie sich. Und hier wurde aus „Klein Bernadette" später eine „Schwester Marie-Bernadette". Erst als Krankenpflegerin, dann als Sakristanin lebte sie nun noch 13 stille Jahre. Ganz still und verborgen, sich mit fröhlicher List denen entziehend, die sie auch hier noch bewundern wollten.

Während dieser Zeit aber machte der liebe Gott aus dem frommen Hirtenkind eine große Heilige. Das waren wunderbare Jahre! Doch nur die Engel und die Vorgesetzten des Klosters durften die Gnadenwunder sehen, die Jesus an dem Liebling Seiner Mutter hier wirkte.

Furchtbar viel gelitten hat Bernadette in ihrem Klosterleben. Denn die tückische Krankheit ihrer Kindheit kam nun mit aller Gewalt über sie. Aber um Jesu Willen liebte sie jetzt Kreuz und Opfer, wie sie einst „alle kleinen Dinge" geliebt hatte.

Und schließlich kam Maria, die Gnadenmutter, wieder. Sie trat zu ihrem leidenden Kind, als es eben betete: „Heilige Maria, Mutter Gottes, bitte für uns arme Sünder, arme Sünder…" Dieses Mal war das ein Besuch ohne Ende, ein Kommen ohne Gehen.

Wohl keinen armen Sünder, sondern ein ganz reines Lämmchen der Herde Christi hat die Unbefleckt Empfangene an jenem Tag in die himmlischen Gärten getragen.

Franz von Assisi, der Allerweltsbruder

Es war ein wunderbarer Frühlingsmorgen. Die Sonne lachte recht freundlich. Alle Blumen rissen die Blütenaugen auf, so weit sie es nur konnten. Mensch und Tier fühlten ein singendes, wonnevolles Glücksgefühl in sich.

Aber nirgends war es fröhlicher, nirgends lieblicher als in den Wäldern Mittelitaliens, oberhalb der kleinen Stadt Assisi. Dort sang und klang und blühte es, wie nicht gescheit!

Auf einer blumenübersäten Lichtung des Waldes stand ein kleiner, armer Mann. Nur ein brauner Kittel kleidete ihn, seine Füße waren unbeschuht, nicht einmal zu einem Gürtel hatte es gereicht! Ein gewöhnlicher Strick hielt sein Gewand zusammen. Dieser Mann stand auf der menschenleeren Lichtung und predigte, als wäre er in der Kirche. Weshalb auch nicht?

Nicht seine Predigt war so sonderbar, wohl aber seine Zuhörer. Denn die hatten Federn und Flügel an und waren lauter richtige, lebendige Vögel! Ganz lautlos, ganz unbeweglich saßen sie da vor ihm, die kleinen Köpfchen schief geneigt, die Flügel sittsam gefaltet. Sie hörten auf seine Worte von Gottes Vaterliebe für sie alle.

Bis schließlich der kleine Mann ein großes Kreuzzeichen schlug. „So und nun geht, eine lieben Brüder", rief er fröhlich, „und lobpreiset diesen guten, guten Herrgott!"

Und sogleich erhoben sich alle Vögel, sie schwirrten empor und stimmten ein schmetternd-seliges Liedchen an, wie ihr gewiss noch nie eines gehört habt. Da lächelte der sonderbare Prediger froh und ging seines Weges.

Und ihr? Nun ich meine, ihr wäret ihm wohl nachgelaufen, um zu sehen, wohin er wohl nun gehe. Da wäret ihr schließlich bis an ein recht lustiges Italienerdorf gekommen. Und hättet einen Bauern gesehen, der aus dem Ort gelaufen kam.

Händeringend und mit vielen schrillen Wehrufen warf sich dieser vor dem braun gekleideten Mann auf die Knie. „Heiliger! Santo!", jammerte er, „der Wolf kommt schon wieder! Jetzt, mitten im Frühling! Es ist ja unerhört! Das schönste Vieh reißt er uns und fast hätte er sogar ein kleines Kind verschleppt! Die Hirten sind soeben von der Höhe dort herbeigelaufen und sagen, der Wolf sei ihnen auf der Spur. Noch nie gab es einen so blutdürstigen hier im ganzen Land!"

Und der seltsame Mann schüttelte betrübt den Kopf. „Ich werde zu ihm sprechen, lieber Bruder Bernino!", sagte er dem Bauern und dieser sprang, glücklich lachend, auf.

Nun meint ihr, er würde wohl Freunde holen, die mit Prügel und Knüppel dem Untier zu Leibe gingen. Weit gefehlt! Im Gegenteil. Einigen Bauern, die gerade bewaffnet aus dem Dorf kamen, rief er strahlend zu: „Der Santo geht zum Wolf, wir können ruhig zu Hause bleiben!"

Und alle Männer drehten sofort um bei dieser Nachricht und gingen freudig heim.

„Sind sie denn alle narrisch geworden?", hättet ihr euch vielleicht gedacht. Hättet ihr aber wohl den Mut gehabt, dem unbegreiflichen Mann auf seinem Weg zum Raubtier zu folgen?

Dann hättet ihr gesehen, wie plötzlich ein riesiger Wolf aus dem Dickicht herausfuhr. Ganz knapp vor den Mann sprang er, erschrocken, zornig blieb er vor ihm stehen. Und zugleich hob der Seltsame die Hand und das wilde Tier drückte sich winselnd zu seinen Füßen nieder.

„Bruder Wolf, Bruder Wolf, was muss ich Böses von dir hören?", begann nun diese Predigt. Und recht eindringlich wurde das Tier belehrt, wie schlecht und grausam es sei. Bis es, wehklagend, sich fast verkriechen wollte vor seinem Richter.

„Nun wohl, ungestümer Bruder", sprach dieser nun weiter, „es soll dir alles verziehen sein. Ich werde die Bauern im Dorf bitten, dir täglich etwas Nahrung in den Wald zu bringen, wenn es dir gar so schlecht geht. Im Übrigen, ernähre dich in erlaubter Weise"!

Und gütig neigte er sich und streichelte das menschenmordende Tier. Das wedelte wie ein Hund und leckte demütig die freundliche Hand.

Dann ging der Mann von seinem „Bruder Wolf" zu

seinen Brüdern im Dorf und erzählte ihnen das Versprechen und gern gelobten die Leute, für die Nahrung des Wolfes zu sorgen. Jetzt wussten sie sich von dieser Gefahr frei.

Freilich wäre es euch nicht gelungen, so lange unbemerkt hinter dem wundersamen Fremden her zu gehen. Längst schon hätte er euch entdeckt und euch aufs liebevollste an sich gezogen. Und hättet ihr, ermutigt durch seine sonnige Art, gefragt: „Sag, Bruder Francesco, warum trägst du weder Schuhe, noch Hut, noch Gürtel?", so hätte er aufgehört zu scherzen und ein wunderbar frohes Leuchten der Liebe wäre in seine Augen gekommen.

„Das", hätte er dann gesagt, „das, Kind, sind die holden Gaben meiner lieben Braut!"

Da hättet ihr ihn wohl staunend angeschaut. Doch er hätte dann noch inniger beigefügt: „Meine Braut aber ist die lieblichste unter allen Frauen der Erde. Sie ist die heilige Armut!"

Und vielleicht hätte er euch mitgenommen in die kleinen, kahlen Erdhütten oder Ställe, in denen er und seine Jünger wohnen. Auf der Erde schlafen sie, ihr tägliches Brot erbetteln sie vor den Häusern der Reichen. Nur ein Kreuz hängt an der Wand, dem aber sieht man es an, wie oft und wie inbrünstig es geküsst wird.

„Ja, ja", so würde der fröhliche Arme nun beifügen, „Hier herrscht unsere liebe Frau Armut ganz allein! Und merkt es euch wohl, kleine Brüder und Schwestern, niemand kann den Menschen so beglücken und frei machen, wie meine liebe, heilige Braut, die Armut!"

Franz von Assisi hieß dieser glückselige Mann, für den alle Geschöpfe Gottes geliebte Brüder und Schwestern waren. Der nur an Armut, Gebet und beständiger Arbeit für die Seelen seine Freude hatte.

Es kann uns scheinen, als stünde er auf einem sehr hohen, sonnenbestrahlten Berg, wenn wir ihn so sehen. Und natürlich fragt man da: „Wie kam er auf jene Höhe, auf der wir andere nicht sind? Wurde er, der Glückliche, dort oben geboren?"

O nein! Hört seine Geschichte an!

In Assisi, einer kleinen italienischen Gebirgsstadt, lebte ein reicher Handelsmann, Pietro Bernardone mit Namen, samt Pica, seiner Frau. Es waren angesehene Leute. Sie hatten nur einen Sohn, den jungen Francesco.

Ein schöner Junge, voller Geist und Frohsinn, der Anführer der ganzen Jungenwelt von Assisi. O diese vielen, losen Streiche, diese Feste, diese Spiele!

Gar mancher in der grauen Stadt schüttelte den Kopf, aber Vater Bernardone lachte und war stolz auf ihn. Und Mutter Pica warf auch die Tür nicht zu, wenn ihr Sohn, spät am Abend, noch ein bis zwei Dutzend hungriger Jungen mitbrachte, die ein Festmahl verlangten.

Und dann zogen die Bürschlein, singend und musizierend, durch die mondhelle Nacht. Aus manchem Fenster fuhr entrüstet ein Kopf samt Schlafmütze heraus und verlangte, man solle die Störenfriede entfernen. Ach, was konnten die Jungen dann lachen! Und wenn sich die Nachbarn bei Vater Bernardone beschwerten — es war eine Schmach, aber er lachte auch!

Doch als Franziskus größer wurde, wollte er noch bessere Abenteuer haben. Der König von Sizilien rief zum Krieg, von allen Seiten strömten die jungen Rittersöhne herbei.

Franz war nun eigentlich nur ein einfacher Tuchhändlersohn, aber es litt ihn nicht anders, er musste auch mit! Und zwar in richtigem Panzer, hoch zu Ross! Und wieder konnte der Vater es nicht versagen. Die Kosten mögen die Kaufherrntasche sehr bedrängt haben, aber trotz alledem — jung Franziskus zog als richtiger Ritter von dannen.

Lachend und weinend machte ihm die Mutter das Abschiedskreuzchen. „Gott segne dich, Francesco mio, und erhalte dich mir so!"

Und sie durfte das auch wirklich sagen. Denn, wenn ihr Junge auch stets der Führer bei Unsinn und losen Streichen gewesen war, so war doch nichts Unrechtes an ihm. Blitzblank hatte er sein Herz erhalten, nichts Unziemliches wurde bei den frohen Festen je gesagt.

Und noch eine schöne Tugend hatte er sich bewahrt: eine sehr große Liebe zu den Armen. Nie ging ein Bettler unbeschenkt von seiner Tür. Ja, er hatte sogar ein feierliches Gelübde getan, dass dies niemals anders werden dürfe.

So kann man Frau Picas Wunsch schon verstehen: Gott erhalte dich mir so! Aber er wurde nicht erhört. Nicht „so", nein, um viel besser sollte ihr Sohn zu ihr zurückkehren.

So lustig er auch immer gewesen war, in letzter Zeit waren ihm mancherlei Zweifel gekommen. Besonders während einer langwierigen Krankheit fragte er sich immer wieder: Ist das wirklich das Leben, zu dem mich Gott erschaffen hat? Und oft hatte er gebeten: „Lieber Gott, wenn du einen anderen Weg für mich bestimmt hast, so zeige ihn mir doch!"

Der Krieg schien ihm dieser bessere Weg zu sein, darum zog er so fröhlich dem Feind entgegen. Aber er irrte sich, nicht als Kriegsheld sollte er durchs Leben gehen.

Bevor der Jüngling den werbenden Sizilianerkönig noch erreicht hatte, übermannte ihn eine schwere Krankheit. Unterwegs musste er in einem einsamen Gasthäuschen lange Zeit liegen bleiben. Und während dieser Krankheit betete er wieder sorgenvoll: „Zeig mir den rechten Weg, ob lieber Gott!"

Der liebe Gott erhörte ihn. Unwiderstehlich stark sprach er in seiner Seele: „Kehre heim!"

Das war nun gerade keine Kleinigkeit für den Jüngling, diese göttliche Forderung: „Kehre heim!" Welch große Opfer hatte seine Kriegsausrüstung doch gekostet! Wie viel hatte man in Assisi davon geredet! Und nun sollte er, gleichsam feige, zurückkehren, ohne den Feind auch nur von ferne gesehen zu haben?

Franz brachte das Opfer. Dem erstaunten Vater sagte er nur: „Ich darf es nicht!"

Vater Bernardone war großmütig. Er fragte nicht viel, wenngleich diese Enttäuschung ihn im geheimen gekränkt haben muss. Assisi lachte.

Franz aber hatte nicht Ruhe mehr noch Rast. Er war heimgekehrt, was sollte er nun anfangen? Tagelang wanderte er unstet in den Wäldern herum. Viele Stunden verbrachte er im Gebet, besonders vor dem Kreuz an einem verfallenen Kapellchen an einer Straße, Sankt Damian.

Vor dort ritt er einmal, wieder recht glücklich, nach Hause. Unterwegs begegnete ihm ein armer, bettelnder Mann. Entsetzt fuhr Franz zurück — der Mann hatte den Aussatz!

Unweit Assisis war ein Haus. Da wohnten einsam, von jedem gemieden, die Unglücklichen, die mit dieser ekelhaftesten, ansteckendsten aller Krankheiten behaftet waren. Sie mussten ihren Lebensunterhalt erbetteln.

Franz grauste sich leicht. Ein Gefühl heftiger Übelkeit überkam ihn, als er die grässliche Erscheinung sah. Doch im selben Augenblick, in dem er sein scheuendes Pferd zurückkriss, fuhr ihm ein Gedanke durch den Sinn: „Hat Gott dir diesen vielleicht als Prüfstein gesandt? Wie kannst du wahrhaft sein Diener sein, wenn du seine leidenden Brüder nicht liebst?"

Und Franz, der nie etwas halb tat, sprang sogleich vom Pferd. Er lief schnurstracks auf den erstaunten Kranken zu, gab ihm alles Geld, das er bei sich trug, ja er umarmte und küsste ihn. Liebevoll führte er ihn in sein Heim zurück und wusch und verband und pflegte alle Kranken, die dort hausten.

Als alles endlich fertig war, ging er dann tief aufatmend davon. Er hatte ein sehr großes Opfer gebracht und hoffte, der liebe Gott würde es annehmen und ihm nun helfen.

Und der liebe Gott nahm es an, wie alles, was wir mit gutem Willen tun. Er gab ihm das Licht, das er brauchte.

Zuerst sprach er von dem großen Kreuz vor Sankt Damian hörbar zu ihm. Dann führte er ihn durch tiefe innere Gnaden und Erleuchtungen.

Gott zeigte dem reichen Jüngling, dass er berufen sei, in ganz neuer und wunderbarer Weise das arme Leben Jesu nachzuahmen. Und Franz erfüllte freudig die Gebote, die Gott ihm gab.

Er legte seinem Vater alles zu Füßen, was er je von ihm erhalten hatte. Sogar seine Kleider! Nur in einem Hemd, darüber den Mantel eines Bettlers, den man ihm schenkte, ging er in den Wald hinaus.

Und sein Herz war so glückselig dabei, dass er sang und jubelte, bis Berg und Tal davon widerhallten.

In vollkommener Armut lebte er nun. Sein Brot verdiente er als Tagelöhner oder ging betteln. Ein geliehener Schuppen war seine Unterkunft. Mit seiner Hände Arbeit besserte er alle baufälligen Kapellchen der Umgebung aus, mit Sankt Damian anfangend. Und predigte allem Volk, das zu ihm kam.

Und Gott lohnte seinen Opfermut mit Gnade über Gnade. Bis er schließlich so voller Liebe zu Gott und allen Geschöpfen war, wie es sehr wenig Sterbliche je gewesen sind.

Bald gesellten sich ihm viele Jünger zu, die lebten wie er. Das war der Anfang des Franziskanerordens, der bis auf den heutigen Tag in Armut und Freude dem lieben Gott dienen will.

Auf solche Weise war Franz auf jene Gnadenhöhe gestiegen, auf der ihr ihn vorher belauscht habt. Es war ein dornenreiches Gehen!

Aber Franz ist noch viel höher und weiter gestiegen auf dem Pfad, der zum Himmel führt! Der Allerweltsbruder wurde auch der Bruder der Himmelsbewohner, ja schließlich der Bruder unseres lieben Heilandes selbst.

Es wäre wohl überschwer für euch gewesen, ihm auf diesen Höhen nachzulaufen, wie ihr es bei der Vogelpredigt und dem Wolf getan habt! Es sei denn, ihr wäret schon lichte Engel geworden und so dem heiligen Mann genaht!

Da hättet ihr in einer wundersamen Nacht zugegen sein können, als die Engel Zutritt zur schmalen Klause hatten. Franziskus war traurig. Schlimme Schmerzen und auch mancherlei Sorgen um die ihm anvertrauten Seelen bedrückten ihn. Stumm, mit qualvoll gerunzelter Stirn, lag er auf seinem harten Lager. Die Engel umschwebten seine Hütte, wie sie es immer so gern taten.

Schmerzliches Mitleid erfüllte ihr gütiges Herz. Pfeilschnell flog einer in den Himmel und warf sich vor Gottes höchstem Thron nieder. Dann kam er wieder und trat unhörbar in die kleine Zelle.

Der Kranke fuhr auf. Ganz rot wurde er vor lauter Freude. Und der Engel lächelte so froh, wie kein Mensch es kann. Dann nahm er seine Geige. Er legte den Bogen an, Sankt Franziskus faltete die mageren Hände und lauschte voller Wonne. Einen Strich nur zog der Engel über seine Geige, aber dieser eine Ton war von so wunderbarer Schönheit, dass die ganze Hütte zitterte und widerhallte wie der Himmelssaal. Franziskus aber glühte vor Entzücken wie eine Rose.

„Sieh, lieber Bruder", sagte dann der Engel, „das ist das Lied, das wir im Himmel spielen. Wollte ich nun einen zweiten Strich mit meinem Bogen ziehen, das Herz müsste dir vor lauter Glückseligkeit zerspringen!" Und dann schwebte der lichte Gast wieder aus dem niederen Raum in die ewigen Höhen zurück.

Hättet ihr aber nachher in die kleine Zelle geschaut — ihr hättet statt einem leidenden, einen himmlisch seligen Mann darin gefunden!

Und doch war auch dieser Besuch seines Engelsbruders nicht das Höchste im Leben des Tuchhändlersohnes! Es kam eine Stunde, da der Herr des Himmels und der

Erde selbst ihn „Bruder" nannte, ihm seine Bruderliebe in feuriger Schrift aufdrückte!

Wir wissen nicht viel von dieser überirdischen Stunde! Denn selbst seine geliebtesten Jünger konnten ihrem Meister nur andeutende Worte darüber entlocken.

Das nur wissen wir, dass der Heilige einige Wochen lang ganz einsam und fast ohne Speise auf einem rauen, kahlen Berg verbrachte. Betend und wieder betend. Als frommer, ja heiliger Mann war er auf diesen Gipfel gestiegen. Als Gekreuzigter, gleich seinem Herrn, kam er davon zurück!

In glühender Pracht war Jesus ihm erschienen. Seraphflügel umrauschten ihn. Und hatte die heiligen fünf Wunden dem irdischen Leib seines Jüngers eingeprägt — glühend, unvergänglich, wie Christus der Verklärte selbst die Zeichen unserer Erlösung trägt. Nun war Franz ganz wie jener — welch höheres Glück kann einem Menschen wohl vergönnt werden?

So kam denn schließlich auch der letzte Tag. Selbst diese höchste Bergspitze der Liebe konnte Franz nicht mehr genügen. Jetzt wollte, jetzt durfte er schnurstracks in den Himmel fliegen!

Alle seine Jünger standen um ihn, auch Sankt Klara, eine heilige Jungfrau, die nach seinen Regeln den Franziskanerinnenorden gegründet hatte. Alle weinten um ihren Vater.

Er aber sang und jubelte und preis Gott. Dabei aber wurde er keinem seiner lieben Erdenbrüder untreu. O nein, gerade in diesem seinem letzten Lied ruft er alle:

„Bruder Wasser und Schwester Erde, Bruder Mond und Schwester Sonne", alle seine Geschwister aus der Tierwelt, alle Blumen, ja auch seinen „lieben Bruder Tod". Sie alle sollen kommen, sich mit ihm zu freuen an seinem Himmelsgeburtstag. Und wer will bezweifeln, dass sie auch gekommen sind?

Aber auch seine Vielgeliebte, die herbe Braut Armut, wurde nicht vergessen. Wie hätte er die treue Gefährtin seines Lebens im Tod vernachlässigen mögen? Franz zwang seine Mitbrüder, ihn vom ärmlichen Lager zu heben. Auf der blanken Erde, in Asche liegend, so ist er schließlich gestorben.

Und seine lichtstrahlenden Brüder, die Engel, erfassten ihren vielieben Bruder und trugen ihn hinauf zu dem, der auf die Erde kam, unser aller hochheiligster Bruder zu sein.

Manilu, Freund des heiligen Petrus Claver

Manilu schlich durch den Busch. Atemlos, mit lautlosen, schlangeartigen Bewegungen. Zum Zerspringen klopfte ihm das Herz. Ob es diesmal gelingen würde? Eine dornige Liane verfing sich in seinen langen, schwarzen Haaren, die musste erst mühsam entfernt werden. Unerträgliche Verzögerung!

Endlich konnte der junge Häuptlingssohn weiter gleiten. Und dann erreichte er den Rand des Gestrüpps, von dort konnte er die Lichtung überschauen!

Er atmete tief auf. Fest umklammerte die ebenholzschwarze Jungenhand seinen Bogen, leise wurde ein Pfeil aus dem Köcher gezogen. Er war haarscharf zugespitzt, sein Opfer würde ihn nicht leicht abschütteln können!

Freilich galt es, die Stelle, gerade oberhalb des Herzens, auch richtig zu treffen. Und bisher war das dem 13-jährigen Afrikaner noch nie gelungen. Manch jüngerer aus dem Dorf hatte das Kunststück schon vollbracht und gerade er, der einzige Sohn des Häuptlings — der Gedanke schmerzte! Heute aber sollte die übermäßige Jagdpassion seine Hand nicht wieder zum Zittern bringen! Heute musste ein Meisterschuss fallen!

Die junge Antilope, die so ahnungslos äste, fühlte die

brennenden Blicke nicht, die auf sie gerichtet waren. Nichts verriet ihr das Nahen des Todes. Nicht einmal das leise Schwirren des abfliegenden Pfeiles konnte sie vernehmen. Bis plötzlich ein stechender Schmerz sie zusammenfahren, sie in heftigem Sprung aufwärts schnellen ließ. Entsetzt warf sie das schöne, hörnergezierte Haupt zurück, mit leisem Klagelaut stürmte die arme davon. Wie der Blitz jagte der Junge ihr nach, das kurze Jagdmesser zwischen den Zähnen.

Das gab eine lange Hetzjagd! Sonnenaufgang war es gewesen, als Manilu seinen ersten Treffer getan hatte. Die Dämmerung brach herein, als er endlich neben dem verendeten Wild stand. Blutig und zerrissen war sein ganzer Körper, die Dornen hatten ihm arg zugesetzt. Auch in einen Sumpf war er bei dem tollen Jagen geraten, fast bis an den Hals, ein schweres schreckhaftes Herausklettern war es gewesen.

Aber jetzt war er Sieger! Triumphierend warf er seinen schwarzen Kopf zurück und ein jauchzend wildes Schreien verkündete dem Urwald seine Tat. Übertönte für kurze Augenblicke das tausendfache Lärmen der Papageien, Affen und Insekten.

Einen scheinbaren Gefallen hatte die Antilope ihrem Jäger erwiesen: Im Kreis hatte sie ihn bis dicht an das heimische Dorf geführt. So konnte Manilu sie noch am gleichen Abend nach Hause schleppen, um sie seinem Vater zu zeigen.

Aber als er schließlich, atemlos und erschöpft, heim kam, da glaubte er, von einem wilden Traum befallen zu sein. War das denn sein Dorf, das er am gleichen Morgen in tiefstem Frieden verlassen hatte? Schreien und Heulen klangen ihm nun entgegen. Ein Kampf musste stattgefunden haben. Der Großteil der Hütten war niedergebrannt, Waffen und Leichen lagen umher. Noch stand der Junge in hilflosem Entsetzen da, als ein kleines Mädchen auf ihn zugelaufen kam. „Flieh, Manilu, lauf, ehe sie dich erwischen! Die Sklavenjäger sind gekommen!"

Eisig durchfuhr es den Jungen bei diesem Wort: die Sklavenjäger. Schon genug hatte er von dieser Geißel der afrikanischen Küsten reden hören. Schon tauchte auch hinter dem Mädchen ein weißer Mann auf. Er erschien dem armen Manilu wie ein Dämon der Unterwelt. Sogleich raffte er alle seine noch übrigen Kräfte zusammen und stürmte in den Urwald zurück. Aber schon hatte der Feind ihn erspäht. Mit langen Sätzen stellte er dem Flüchtenden nach.

Und wieder erlebte Manilu eine Jagd. Aber anders, ach, wie anders als die am gleichen Morgen. Nun war er selbst das arme, gehetzte Wild. Und ein erbarmungsloser Jäger trieb ihn vor sich her.

Auch diese Jagd endete nicht anders wie die vorhergegangene. Zu müde war Manilu von dem langen Tag. Und zu sehnig, zu wohl geübt, der böse, fremde Mann. Schon nach einer Stunde war das Kind gefangen. Die Hände viel zu fest am Rücken zusammengebunden, wurde er zu seinem Dorf zurückgeschleppt. Auch er sollte als Sklave nach Südamerika verfrachtet werden.

Man schrieb damals das Jahr 1620. Noch keine sehr lange Zeit war verstrichen, seitdem der große Kolumbus den Erdteil Amerika entdeckt hatte. Doch hatte sich die Habgier der europäischen Länder schon auf den neuen Kontinent gestürzt. Alle seine Teile, die weiße Männer entdecken und sich untertan machen konnten, entriss man den rechtmäßigen und eingeborenen Herren. Verschiedene Staaten teilten sie unter sich auf, errichteten dort ihre Kolonien. Unternehmungslustige Männer kamen nun herüber und legten in den neuen Besitzungen Landgüter, Bergwerke und Plantagen an.

Südamerika war großenteils von Portugal erobert worden, portugiesische Handelsleute siedelten sich deshalb hier an. Sie fanden reiche Bodenschätze, kostbare Erze aller Art. Auch konnten sie hier nutzbare Pflanzen anbauen, die in großen Mengen gediehen. Ganz besonders war das mit Baumwolle der Fall.

Aber die Hitze war in jenen Gegenden so versengend, das Klima so ungesund, dass europäische Arbeiter kaum dort leben konnten. Die eingeborenen Indianer aber flüchteten scharenweise aus der Nähe der weißen Männer. Sie zogen sich in ihre undurchdringlichen Wälder und Gebirge zurück, man konnte ihrer nicht habhaft werden.

So kamen die Portugiesen auf den ganz heidnischen Gedanken, von den Küsten Afrikas große Menschenmassen fangen und herüberbringen zu lassen. Diese Schwarzen, an die Hitze gewöhnt, konnten gut zu Arbeitssklaven verwendet werden. Man schien dabei völlig zu vergessen, dass auch diese Schwarzen mit freien, gottgeschaffenen Seelen begnadet waren. Nur wie rechtlose Arbeitstiere wurden sie betrachtet und behandelt.

Diesem Schicksal verfiel nun auch der arme Manilu mit seiner Mutter und fast allen anderen Bewohnern jenes Dorfes. Der Häuptling, sein Vater, war in tapferem Widerstand gegen die Menschenräuber gefallen und manch einer seiner Krieger mit ihm. Aber so unerwartet war der Angriff gekommen, dass die wenigsten Schwarzen sich zum Kampf hatten rüsten können. Die Sklavenjäger hatten leichte Arbeit gehabt.

In langen Reihen, einer an den anderen gebunden, wurden nun diese Männer, Frauen und Kinder an die Küste getrieben. Dort mussten sie in ein großes, bereitgestelltes Schiff, wo Hunderte anderer Sklaven ihr Schicksa teilen sollten.

Ängstlich und staunend betrachtete Manilu das Schiff mit seinen vielen braunroten Segeln und seinen bunt gestrichenen Seiten. Er wandte sich an seinen Nachbarn, einen 20-jährigen Burschen. „Vielleicht wird es doch ganz lustig sein, auf dem bunten Haus dort über das Wasser zu fliegen!", so meinte er. Der aber lachte nur zornig. „Du

Kindskopf!", antwortete er bitter, „bilde dir nur das nicht ein! Um uns zu ermorden, haben uns die weißen Dämonen gefangen. Drüben, in ihrem Land, das hässlich und voller Schrecken ist, wird man uns alle ihren Göttern opfern und grausam töten. Ich habe das von einem Mädchen gehört, das einmal einer Sklavenjagd entronnen ist!"

Manilu stöhnte. Trüb und verzweifelt wurden seine einst so hellen Augen. Mit Grauen betrachtete er das schaukelnde, fremde Fahrzeug.

Nicht zu Unrecht hatte ihm vor jenem Schiff gegraut, denn schrecklich waren die langen Monate, die er nun auf diesem verbrachte. Es war kaum mehr als eine Schaluppe, viel zu klein, um die vielen Insassen zu beherbergen. Darum, und auch aus Angst, die Schwarzen könnten sich gegen ihre Unterdrücker erheben, sperrte man alle diese Unglücklichen in einen einzigen, mittelgroßen Raum. Da hockten sie, eng zusammengedrückt, bei Tag und bei Nacht. Gesunde und Kranke, Alte und Junge, alle lagen sie da, wie Vieh zusammengepfercht.

Zu den körperlichen Leiden aber kam noch die furchtbare Angst: Was wird mit uns geschehen, bis wir das Land der bösen Weißen erreichen? So grauenhaft die Fahrt auch war — keine Einziger sehnte ihr Ende herbei. Kaum sprachen die Unglücklichen mehr, in stummer Verzweiflung saßen sie in ihrem düsteren, übelriechenden Gefängnis.

Armer kleiner Manilu! Wie oft beneidete er selbst die Antilope, die er an jenem letzten glücklichen Tag erlegt hatte. Die hatte doch immerhin einen ehrlichen Tod in freier Wildnis gefunden!

Und dennoch endete eines Tages auch diese Fahrt. Der Matrose, der hereinkam, ihnen ihr Abendessen zu bringen, rief es ihnen zu: „Cartageno": So hieß ihr Ziel, die Stadt der weißen Männer. Das wussten sie nun schon. „Cartageno", sagte der Matrose. Dazu lachte er.

Wie ein grässliches Triumphgrinsen erschien ihnen sein Lachen. Er, freilich, hatte den Armen nur freundlich zulächeln wollen. Sie taten ihm ja Leid. Ihnen aber kam es vor, als freute er sich auf etwas Fürchterliches. Wahrscheinlich gab es auch Opfermahle bei den Götterfesten. Und dieser Weiße würde dann von ihrem Fleisch essen. Lautes Wehklagen und Schreien erfüllte den Raum, als der Matrose seine Mitteilung gemacht hatte. Der zuckte die breiten Achseln.

„Euch schwarze Tiere verstehe, wer will", so sagte er. „Ich hätte gedacht, ihr hättet von diesem Loch hier unten gerade genug! Nun, jeder wie er will, mich geht's nichts an." Und damit ging er. Manilu aber, seine Mutter und alle seine Freunde verbrachten eine Nacht des Grauens. Cartageno — die Opferstadt der weißen Feinde! Keiner der armen Angstgequälten konnte in jener Nacht ein Auge schließen. Bei keinem Sturm, bei keinem Unwetter war ihnen so schwer ums Herz gewesen. Und als der Morgen kam, als man den Anker niederrasseln hörte und kleine

Boote von der Hafenstadt sich an das Segelschiff drängten, saßen die armen Schwarzen starr und verzweifelt da, wie eine Reihe dunkler Gespenster.

Plötzlich öffnete sich die Tür. Die Sklaven fuhren zusammen. Manilu, der nahe am Ausgang saß, klammerte sich entsetzt an seine Mutter. Wer kam jetzt, sie zu holen?

Ein Raunen der Überraschung lief durch die Reihen. Denn der zuerst hereintrat, war ein Schwarzer, wie sie selbst!

Er begrüßte sie freudig in ihrer eigenen Sprache.

„Willkommen, Brüder!", rief er fröhlich, „wie gut, dass ihr angekommen seid! Jetzt ist diese lästige, enge Reise vorbei, jetzt könnt ihr gleich heraus und ins Freie, da wird euch bald viel wohler sein!"

Die Schwarzen waren wie versteinert. Ungläubig starrten sie ihren Landsmann an. „Besser? Wieso? Wohler — was soll denn das heißen? Sind wir nicht hier in Cartageno angekommen, der Stadt der mörderischen Weißen?"

„Freilich seid ihr hier in Cartageno, und freilich ist es hier nicht so schön wie bei uns drüben in Afrika, hier muss man nämlich arbeiten! Aber hier gibt es auch wunderbar gute, schöne Dinge, das will ich euch alles erzählen. Vor allem einmal aber bringe ich euch einen Mann, der wird euer allerbester Freund sein. Den Vater der Schwarzen nennt man ihn hier, und er ist so lieb, sage ich euch, so gut! Freuet euch, dass er da ist — er hat euer Kommen mit großer Ungeduld ersehnt!"

Als der Schwarze das gesagt hatte, trat er etwas zur Seite, und sogleich kam ein weißer Mann herein. Er trug ein seltsames, langes, schwarzes Gewand, und braune Kugeln hingen als Kette an seiner Seite. Die Hände aber hatte er voll der besten Gaben: Früchte, Leckereien verschiedener Art. Liebevoll breitete er beide Arme aus. „Willkommen, liebe Kinder!", sagte er in ihrer Sprache, „willkommen bei uns! Hier nehmt und esst!"

Ein Ausruf heller Freude brach von vielen Lippen. Die armen, verschüchterten Schwarzen wussten nicht, was sie denken sollten. So Schreckliches hatten sie erwartet — Marter, Tod, und nun dieses? Mit kindlicher Freude nahmen sie die Früchte und Süßigkeiten entgegen. Sie lachten und fuchtelten mit den Armen herum, während sie aßen. Schon lange hatten sie nichts als die trockene, karge Schiffskost erhalten.

Dann verband und wusch der fremde Mann alle Kranken. Die Schwachen hob er selbst auf die Arme und trug sie an Deck. Alle anderen aber folgten ihm nach, in willenlosem Staunen. O, wie gut war es, endlich wieder in freier Luft zu sein! Tief, tief atmeten die Gefangenen nun Gottes frischen reinen Wind ein.

Dann galt es, in kleine Boote zu steigen. In denen wurde man ans Land gerudert. Und kam in ein großes Haus, wo es wenigstens saubere Lagerstätten gab. Hier sollten nun alle ausruhen und warten, bis sie ihren neuen Herren zugeteilt wurden.

Und der fremde, gütige Mann, sowie der Schwarze, der immer bei ihm war, ging überall hin und schaute immerzu nach dem Rechten. Viele Schwarze klammerten sich an sein Gewand, viele küssten schon dankbar seine Hände, als er ging. Er hatte das Vertrauen dieser Unglücklichen, Misshandelten erworben.

Aber nicht das des kleinen Manilu! Wohl war auch er verstummt vor staunender Überraschung. Wohl aß auch er mit Hochgenuss die lang entbehrten Früchte. Aber bald regte sich Argwohn in seinem Herzen. So böse Erfahrungen hatte er bisher mit den Weißen gemacht, so viel Übles war fernerhin von ihnen zu erwarten — wie konnte dieser eine nun so anders sein als alle übrigen?

Finster blickte der Junge ihm nach. Und wandte sich zornig an einen Altersgenossen, der neben ihm saß und mit glücklichen Blicken dem Davongehenden nachsah.

„Esel!", fuhr er diesen zornig an. „Nasführen lässt du dich wie ein weggelaufenes Tier, das man mit fetten Bissen zurücklockt, um es wieder einzusperren und schließlich aufzuessen! Nichts als Tücke ist alle diese Freundlichkeit des Weißen. Man will uns williger machen, zum Opferfest zu gehen. Er ist ja doch ein Weißer, du Dummkopf!"

Der andere schaute ihn erschrocken an. „Was sagst du da, Manilu, ist das dein Ernst?" Verächtlich wandte der Junge sich ab. Er setzte sich zu seiner Mutter. Die dachte bald wie er. Schon aber flüsterte man es durch den ganzen

Saal: „Der Häuptlingssohn weiß, dass der Fremde uns nur betrügen will!"

Als darum am anderen Morgen der Jesuit, Pater Petrus Claver — so hieß der gütige weiße Mann nämlich — wieder kam seine „schwarzen Kinder" zu besuchen, fand er Feindschaft und Misstrauen vor. Bekümmert blickte er umher. „Wer behauptet das?", fragte er durch den Übersetzer, als dieser ihm die grimmigen Anklagen der Schwarzen übersetzt hatte.

Da stand Manilu furchtlos auf. „Ich!", antwortete er stolz dem Fremden, „ich, der Sohn des großen Mbarsu. Du hasst uns, wie alle bösen weißen Männer und willst uns nur verführen. Ich hasse dich auch!" Und mit tiefem Abscheu wandte sich der kleine Richter von dem Jesuiten ab.

Nachdenklich betrachtete jener das Kind. Er sah wohl, dass dieser Junge intelligenter war als seine Leidensgenossen. Die Häuptlinge seines Stammes waren nämlich weise, herrschaftgewohnte Männer gewesen. Manilu hatte ihren regen Geist geerbt.

Liebevoll schaute der Priester ihn an. Diesen energischen Jungen wollte er nun gerade gewinnen. So wandte er sich an den Sklavenhändler, der soeben den Raum betrat. „Was verlangt Ihr für dieses Kind?", fragte er ihn. Und nach kurzem Handeln hatte er den wenig arbeitsfähigen Jungen für wenig Geld erstanden.

„Bleibe du nun Tag um Tag bei mir, durch zwei Mal zehn Tage, Manilu", so sagte er. „Dann sollst du urteilen, ob ich euch Gutes oder Böses will."

„Gut, da ich es ja nicht verhindern kann!", antwortete Manilu finster, ging hin und setzte sich neben seine Mutter. Die blickte ihn mit stolzer Zärtlichkeit an.

Es geschah, wie Pater Claver gesagt hatte. Manilu wurde sein Diener. Tagtäglich begleitete er ihn bei all seinen Gängen durch Cartageno.

Die anderen Schwarzen aber — mit Ausnahme von Manilus Mutter — eroberte Pater Claver bald wieder. Für 14 Tage waren sie nun sein, wie alle neu angekommenen Sklaven. So hatte der Gouverneur der Stadt es bewilligt. Während dieser Zeit pflegte er alle während der Reise Erkrankten, sodass die meisten gesund wurden. Den Gesunden aber gab er die Lebensfreude wieder. In gewaltigen Predigten lehrte er sie das Christentum kennen und lieben. Um ein gewaltiges Kreuz saßen da alle versammelt, und ein großes buntes Bild nach dem anderen hielten des Paters schwarze Helfer empor. Auf denen waren alle Glaubensgeheimnisse deutlich zu erkennen. Übersetzer erklärten die gesprochenen Worte.

Bevor die 14 Tage verstrichen waren, konnte er allen die heilige Taufe spenden. Dann freilich musste er sie, wehen Herzens, ziehen lassen. Zu ihren neuen Herren, zu schwerer, harter Arbeit. Aber auch hier noch blieb er ihnen ein treuer Vater. Oft, oft besuchte er sie, und selbst die mächtigsten Herren fürchteten es, von Pater Claver wegen schlechter Behandlung ihrer Sklaven getadelt zu werden.

Manilu aber setzte einen Trotzkopf auf. Er hatte es sich so fest in den Kopf gesetzt, dass dieser Weiße ein tückischer Betrüger sei, dass nichts ihn überzeugen sollte.

Wohl staunte er, als er mit seinem Herrn in das große Krankenhaus ging. Da lagen wahre Jammergestalten umher. Weiße und Schwarze, auch viele Aussätzige waren darunter. Selbst ihn, den kleinen Wilden, schauderte es bei solchem Anblick und Geruch, er glaubte manchmal, es nicht ertragen zu können. Pater Claver aber schien nichts so sehr zu lieben wie eben diese Kranken. Jeden Einzelnen wusch und verband er, küsste ihn liebevoll und brachte ihm leckere Bissen. Dann putzte er das Krankenzimmer und richtete alles her.

Manilu musste ihm dabei helfen. Aber immer wieder fragte der Pater: „Ist dir das wohl zu ekelhaft, Kind?", und nahm und wusch die schmutztriefenden Fetzen dann selbst. Und wenn Manilu fragte: „Warum machst du das denn, Fremder?", lachte jener ganz glücklich. Er sagte ihm: „Das macht dem guten Gott im Himmel oben Freude!"

Um die Mittagsstunde, als es so unerträglich heiß war, ging der Pater durch die menschenleeren Gassen. An jede Tür klopfte er an und bat um eine Gabe für seine lieben Schwarzen. Da wagte es keiner, ihn mit leeren Händen des

Weges zu senden. Denn selbst die Gleichgültigsten musste solche Menschenliebe beschämen!

Alle Gaben trug der Bettler Gottes dann in einem Sack auf dem Rücken zu seinen Armen und zu seinen Kranken. Wohl half auch hier Manilu, aber auch hier sagte der Pater immer wieder: „Lass, Kind, es wird dir noch zu viel!" Und schleppte die schweren Lasten selbst, bis er kaum mehr vorwärts gehen konnte.

Auch hier fragte Manilu manchmal: „Warum plagst du dich denn so in der bösen Hitze, dich gehen doch die kranken Leute gar nichts an?" Und auch hier antwortete der Jesuit: „Der liebe Gott im Himmel hat das einstmals auch getan. Er sieht es gern."

Des Morgens aber sammelte der Pater stets all seine „schwarzen Kinder" um sich her, dann erzählte er ihnen vom lieben Gott. Dahin aber nahm er den Häuptlingssohn nicht mit. „Du traust mir ja noch nicht, mein Sohn", so sagte er ihm. „Und ohne Vertrauen gibt es keine Liebe. Ohne Liebe aber kann man die Geschichte von meinem guten Gott unmöglich recht verstehen!"

Das wurmte den Jungen. Er war zu stolz, zu bitten: „Nimm mich doch mit!" Und er wollte, wollte seine Feindschaft nicht aufgeben.

Mit finsterer Miene, fast immer stumm, folgte er seinem Herrn auf all dessen Wegen. Er gab ihm keinen guten Blick. Und war doch unglücklich, wenn Pater Claver ihn auch für eine Stunde nur fortschickte. „Leg dich schlafen,

Kind", so sagte dieser dann freundlich, "es ist heute heiß, du wirst mir sonst zu müde!"

Aber Manilu konnte nicht schlafen. Er lag mit offenen Augen da und bittere Gedanken wühlten in seinem Herzen: "Er ist ein Weißer und darum muss er böse sein. Bös, wie sie alle, alle!", sagte er sich immer wieder vor.

Einen Bundesgenossen hatte der Junge, der seinen Trotz stärkte und unterstützte, und das war seine Mutter. Auch sie eine Häuptlingstochter, hatte auch sie den Stolz und Argwohn ihres Sohnes tief im Herzen sitzen. Sie, als einzige, hatte sich auch geweigert, die Taufe zum empfangen. In stummem Groll hatte sie alle die beseligenden Lehren mitangehört und nur verbissen den Kopf geschüttelt, wenn der Missionar auch an sie eine Frage richtete. Dann war sie von einer Kaufmannsfrau als Dienerin gekauft worden.

Es ging ihr dort nicht gerade schlecht. Aber all der Schrecken, all die Angst und Wut hatten die arme Frau krank gemacht. Ein inneres Leiden zehrte an ihr und quälte sie sehr. Sie aber schwieg; mit zusammengebissenen Zähnen tat sie alle Arbeit, die von ihn verlangt wurde.

Nur Manilu, ihr Liebling, wusste von ihrem Schmerz. Täglich sandte Pater Claver seinen kleinen Diener zu ihr. Ahnte er wohl auch, was Mutter und Sohn dabei sprachen, so wollte er doch das Mutterrecht der armen Frau nicht verletzen.

"Wenn ich nur sterben könnte, mein Manilu, nur sterben!", so weinte dann täglich die arme Mutter. Und ihr

Sohn selbst sagte sich manchmal, dass er sie lieber tot als so bitter leidend sehen würde.

Armer kleiner Junge! Er hatte ein hartes Leben und sein grimmiger Eigensinn machte es für ihn noch härter.

Einst kam er wieder so von seiner Mutter. Es ging ihr ganz besonders schlecht und ihre Klagen hallten in seinen Ohren wider. Er kam an einer Kirche vorbei, dem „Haus des gütigen Gottes", wie sein Herr sie nannte. Der saß nun dort drin, seit vielen Stunden schon, in einem engen, hölzernen Kasten. Und um ihn drängten sich hundert und aberhundert Menschen. Die meisten von ihnen waren Schwarze. Sie wollten etwas von ihm; mit glücklichen Gesichtern gingen sie fort. Manilu hatte es oft gesehen. Was das da war, solch eine Beichte, das wusste er ja nicht. Aber er konnte sehen, wie glücklich es sie machte.

Da kamen dem armen Jungen die Tränen. Wie gern, wie gern wäre er auch wieder glücklich gewesen! Ganz zaghaft trat er in die Kirche ein und schaute sich schüchtern um. Ein Bild stand da, von einem herrlichen Mann mit goldener Krone auf dem Kopf. Es war Christus, unser König. Manilu stellte sich in plötzlichem Entschluss vor diesen hin. „Wenn du lebst und hören kannst und gut bist, hilf mir und hilf meiner Mutter, weißer Gott!", so sagte er fast drohend. Und dann versteckte er sich hinter eine Säule, denn er musste weinen.

Pater Petrus Claver sah es, von seinem Beichtstuhl aus. Da freute sich der Priester. So viel hatte er schon für diese

Jungenseele gebetet! Ganze Nächte lang, wenn er, erschöpft vom 16-stündigen Liebeswerk, sich hätte Ruhe gönnen sollen, war er mit ausgebreiteten Armen auf den Knien gelegen. Und hatte gebetet für den kleinen, finsteren Jungen. Jetzt betete er wieder.

Bald darauf, in den Mittagsstunden, gingen er und das Kind wieder bettelnd durch die Straßen Cartagenos. Mit einem Mal blieb der Heilige wie erschrocken stehen. „Schnell, Manilu, wir müssen hierher gehen!", rief er und lief mit dem erstaunten Jungen in die Richtung zurück, aus der sie eben kamen. Zum Haus, in dem Manilus Mutter wohnte.

Kaum hatte er dieses betreten, da eilte ihm ihre Herrin, die Kaufmannsfrau, auch schon entgegen. „Pater Claver!", rief sie, „ach denken Sie doch, welches Unglück geschehen ist! Meine neue Sklavin ist vor einer Stunde ganz plötzlich gestorben! Ist das nicht schrecklich?"

„Führen Sie mich zu ihr!", bat der Jesuit. Und wirklich, in dem hinteren Zimmer lag die arme Frau tot im Bett. Ein plötzlicher Blutsturz hatte ihrem Leben ein Ende bereitet. Wild aufschreiend warf sich der verwaiste Junge auf sie. Vier Leichenträger standen da, sie sollten die Verstorbene hinaustragen.

Da trat Pater Petrus an das Krankenlager. Sanft, aber bestimmt zog er das weinende Kind vom Bett fort und kniete betend daneben nieder. Darauf erhob er sich und rief die tote Frau beim Namen. Und siehe da — das Ungeheuerliche geschah — die Verstorbene schlug die Augen auf. Da fuhren alle zurück, Manilu aber schrie laut auf vor Schrecken und Freude. Er umklammerte seine Mutter und küsste sie stürmisch, wieder und immer wieder. Und wandte sich dennoch zu dem Priester hin und rief: „Was tust du, Fremder? Das hätte meine Mutter nie gewollt, nein niemals!"

Abermals löste der Pater sanft die Hände des Kindes, er sandte ihn und alle anderen aus dem Zimmer. Dann sprachen er und jene Frau allein miteinander. Wenige Minuten darauf rief Pater Claver die anderen zurück. Ganz still, ganz selig lag die Sterbenskranke da. „Willst du getauft werden, meine Schwester?", fragte sie der Priester. „O ja", antwortete sie sehr innig. Und winkte ihren Sohn herbei. „Hör auf ihn, Liebling, glaube ihm", flüsterte sie in sein Ohr, „selig macht uns alle der gute Gott der Christen. Jetzt weiß ich es!" Dann taufte Petrus Claver sie; gleich darauf schloss sie die Augen und starb zum zweiten Mal. Ganz ruhig und friedlich ging sie nun hinüber.

Am Abend dieses Tages saß der kleine Manilu lange, lange im Zimmer des weißen Paters. Er legte sein ganzes zerrissenes Herz vor den Priester hin. Und dieser nahm es liebevoll auf und füllte es mit Licht und Frieden. Nicht lange darauf wurde auch Manilu getauft.

Sein Leben lang behielt Pater Claver den kleinen Jungen bei sich. Der wurde sein bester Übersetzer und Helfer.

Viele, viele Wunder des großen Heiligen sah Manilu: Wunder der Liebe, der Abtötung, des Seeleneifers — und auch wirkliche, staunenerregende Wunder.

Als Petrus Claver endlich die arbeitsmüden Augen schloss, hatte er ungefähr 300 000 Schwarzen die Pforten des Himmelreiches aufgeschlossen. Dazu kamen aber noch die Tausende und Abertausende von Bekehrungen, die der wunderbare Mann sonst wirkte. Auf der Kanzel und im Beichtstuhl, in den Spitälern, Armenhäusern und besonders in den Gefängnissen war er Tag und Nacht als Bote des Himmels tätig. Weiße und Schwarze, Irrgläubige und Moslems, ja selbst die verstocktesten Sünder führte er zum ewigen Leben zurück. Sodass es schließlich in ganz Cartageno hieß: Jeder könne froh und leicht sterben, wenn nur der „Engel der Liebe" in seiner Nähe sei.

Am 9. September 1654 geleitete dann die ganze Stadt, vom Statthalter bis zum letzten Bettler hinab, den geliebten Apostel zu Grabe. Unübersehbar war die Zahl der Schwarzen, die mit lautem Wehklagen und Schluchzen um ihren geliebten Vater trauerten. Manilu aber, der jetzt Petrus hieß, ging als Erster unter ihnen; mit brennender Kerze in der Hand schritt er hinter dem Sarg her.

Auch des großen Apostels der Schwarzen Nachfolger fanden in ihm den besten Mitarbeiter, die zuverlässigste Stütze.

Und als Petrus Manilu schon ein zitternder Greis war, da rief er noch Tag um Tag viele kleine schwarze Kinder zu sich her und erzählte ihnen von dem heiligen, wunderbaren „Vater der Schwarzen", vom „Engel der großen Liebe".